张锦秋

1936 年 10 月生于四川成都，1960 年毕业于清华大学建筑系，1966 年研究生毕业于清华大学建筑历史与理论专业。1966 年至今在中国建筑西北设计研究院从事建筑设计，1987 年任院总建筑师，1988 年晋升为教授级高级建筑师，1997年获准为国家特批一级注册建筑师，2005 年当选亚太经合组织（APEC）建筑师，2010 年任中国中建设计集团有限公司总建筑师。

1991 年获首批"中国工程建设设计大师"称号，1994 年被遴选为中国工程院首批院士，2001 年获首届"梁思成建筑奖"，2004 年获西安市科学技术杰出贡献奖，2010 年获何梁何利科学与技术成就奖，2011 年获 2010 年度陕西省科学技术最高成就奖，2012 年 10 月获中国建筑学会特别贡献奖。

图书在版编目（CIP）数据

张锦秋 / 本社编. — 北京 : 中国建筑工业出版社，
2014.7
（建筑院士访谈录）
ISBN 978-7-112-16854-5

Ⅰ. ①张… Ⅱ. ①本… Ⅲ. ①张锦秋—访问记 Ⅳ.
①K826.16

中国版本图书馆CIP数据核字(2014)第098708号

丛书策划：王莉慧　郑淮兵
责任编辑：费海玲　张幼平
书籍设计：肖晋兴
责任校对：陈晶晶　刘梦然

建筑院士访谈录
张锦秋
本社 编

*

中国建筑工业出版社出版、发行（北京西郊百万庄）
各地新华书店、建筑书店经销
北京市晋兴抒和文化传媒有限公司制版
北京顺诚彩色印刷有限公司印刷
*
开本：965×1270毫米　1/32　印张：$6^{3}/_{4}$　字数：268千字
2014年6月第一版　　2014年6月第一次印刷
定价：30.00元
ISBN 978-7-112-16854-5
　　　　　(25632)

建筑院士访谈录

建筑院士访谈录

张锦秋

本社 编

中国建筑工业出版社

编者的话

    院士作为我国最高层次学术水平的大专家，在各个行业都有代表。细分之后，专注于建筑领域的院士仅仅数十人，涵盖了建筑设计、结构、文化等多个领域，每个人在其专业领域中可谓学术之集大成者，有着丰富的人生阅历、专业经验以及学术积淀，而我们多数人都仅仅看到院士们的成功，看不到院士们为此付出的努力和艰辛。如何展示院士成功背后不为人们所知的故事，展示其生活和工作中的甜酸苦辣，就成为丛书的源起和旨归。

    从现实角度考量，这些院士们大多年事已高，且依然承担着纷杂的专业事务，有的甚至还站在专业事务的第一线，承担着繁重的科研和设计任务。如果约请他们以一种严格的著书立说的方式来呈现，是院士们难于承担，或者说不愿意承担，且承担不起的难题。这不仅不现实，也是不近人情的安排。有鉴于此，我们采取了较为灵活的方式，首次选取了我国 10 位从事建筑学研究和建筑创作的院士，在他们匆忙的事务活动中，见缝插针地安排了面对面的采访，通过问答的形式，配以同期录音和录像，在尽可能少地占用院士们的时间（一般一个院士也仅仅采访一两天的时间）的情况下，完成资料的采集工作。之后，经过我们的精心整理，补充资料，就成为了目前这一套《建筑院士访谈录》。

丛书力图通过人物肖像摹写的方式向读者展示院士们真实的工作和生活，真实地表现院士们喜怒哀乐，原原本本地展示院士们的真性情，以及他们最富于启迪性的一面。是国内首次以访谈录的形式展示建筑学院士创作与思想的丛书。

以下揭橥本书的意趣：

——我们不讨论身份、称号还有荣誉，我们不塑造光辉高大的形象，我们希求以最为朴素的文字，和并非精心安排的方式，还原各种平淡无奇却意味无穷的工作与生活！

——我们不宣扬成功学，我们不寻求关键的锁钥——虽然我们并不惮于讲述成功的故事，更不是呈献励志的心灵鸡汤，我们倾向于迹寻每一个脚印，还原人生点滴，以至微至细的人生本真，逼近普通而真实的成功！

——我们关注现实情怀，关注认真和专注的态度，还有每一种伟大背后的真实内涵！

沈元勤

中国建筑工业出版社社长

目 录

第 1 章

作家梦

vs.

造房子的人

1938年8月全家摄
于成都玉泉街寓所

流动的家

采访者：您能给我们描述一下小时候的生活环境，或者说印象
比较深刻的生活场景吗？

张锦秋：童年的生活对我的影响是很深的。我于1936年出生于
成都，出生的第二年，也就是1937年，日本发动了全面侵华战争。
当时我们家在成都，算是大后方，日本实施了大轰炸。我父亲当时
在四川省公路局工作，政府机关都疏散到农村办公，家属也就跟着
一起疏散到了成都郊区的犀浦。四川省公路局的职工，很大一部分
都住在一个叫耿家大院的地方。我们住进去以后，就在院子的空地
上搭建了两座茅草顶的房子，下面用木地板架空——因为四川非常

潮湿，民居都采取这种形式。

国家正在经受战争的磨难，但是这些好像离我的童年有些遥远。在那个偏远的农村，我的生活还是田园式的，从三岁到上幼儿园，我都在这里度过。住房左边有大片翠绿的竹林，右边有一条幽美的潺潺小溪，院子周围是一圈竹篱，外边是一望无际的富庶稻田——这就是美丽的成都平原。早上，妈妈带着我和哥哥在稻田里边走啊走，她说，稻叶上的露珠最干净了，你们可以吸吸这些露珠哦！那些晶莹剔透的水珠吸到嘴里清新的感受，我至今难忘。

每天去幼儿园上学，我们都要先走上田埂，穿过成片的稻田，来到河边，小心翼翼走过木桥，桥下河水哗哗作响。这样一种宁静的生活，给我留下了美好的记忆，直到现在，一闭上眼睛，那样的场景犹历历在目。

采访者：在这样一种优美的环境中展开美好的人生旅程，确实是美妙无比的事情，同时也是难能可贵的，尤其是在那个战火纷飞的年代。您能谈谈您的启蒙教育吗？

张锦秋：我的启蒙教育开始于《增广》。那应该还是学龄前吧，父亲给我们讲，这本书是由四川一个有名的文人编写的，这个人很有学问，但被人诬陷蹲了大狱，就在监牢里面写下了这本书，把自己对人生、对社会、对人情世故的种种理解，用通俗典雅的语言表达出来。我父母每天给我和哥哥讲一段，还让我们背诵。那时候很小，但是《增广》里面说的很多东西，包括关于社会的一些至理名言，就烙在了心底。等后来长大了、老了，在社会上历练，遇到一些事情的时候，不经意间就想起这些话来，竟然还有很多感悟。

1939年在成都郊区犀浦上幼儿园

我看现在的儿童读物里也有《增广贤文》，但明显不如我们学的那个版本，有好多话都变了，我觉得现在这个版本，文学水平比我们原来学的那个差了很多。

采访者：《增广》作为启蒙书，尤其是中国古典的启蒙课本，确实是很有深度。

张锦秋：很有深度，作者就是个文人。我还记得开头就是"昔时贤文，诲汝谆谆，集韵增广，多见多闻，观今宜鉴古，无古不成今"。后头还有很多，诸如"知己知彼，将心比心"，"莫道君行早，更有早行人"，"易长易退山溪水，易反易覆小人心"，等等。想起来啊，在全民抗战之时，在世外桃源般的田园生活中，《增广》还是让我多多少少了解了一些人生与社会。

采访者：您的父亲是一个工程师，在当时中国建设的过程中，你们一家跟随父亲在各处奔波，家也就成了流动的风景。

张锦秋：成都犀浦的生活令我难忘。后来随着父亲工作的调动，

在四川遂宁过8岁生日

　　我们从成都来到了遂宁。公路局搬到了那儿，改称川陕公路局。遂宁是四川的一个小城，小城的生活也给我留下了很深的印象。

　　公路局职工住在一个叫九皇宫的道观里，这里所有的房子都拿来当宿舍了。遂宁是一个非常优美的县城，现在想来，也是非常有文化底蕴的，生活与乡村田园截然不同。我们住的地方，旁边就是城墙、城门楼，那是遂宁的西门。城内比较安静，城外是比较宽的马路，路上汽车不少，倒也很热闹。道观的东边有一个川剧剧场，每个周末，父亲都要领着我们去看川剧。川剧的文学水平很高啊。过去川剧的唱词，都是由当地的才子们写的。川剧当时有很多剧目，什么王宝钏、薛平贵的故事，什么《打渔杀家》啊，还有《白蛇传》，等等，唱腔、唱词和扮相都极其优美，尤其是集体的伴唱，很能烘托气氛。小县城里，川剧就是居民最重要的文化生活。我最先认识的中国传统戏剧，就是川剧。总之，各个方面对我有所影响，包括对文学的悟性。

　　后来到了20世纪50年代，川戏还经常进京演出。我记得当时有一个多次进京的剧目叫《秋江》，就是演一个渔翁在江上怎么摆渡，剧情简单而表演艺术极高。抗日战争期间，小县城里边也上演过一些话剧，我记得《李秀成之死》就在遂宁的电影院里边演过。戏院里有时候放电影，有的时候演戏，文化生活还是很丰富的。

采访者：看来，不断地搬家过程不仅没有干扰您的生活，反而成就了您的教育。其实这一点，不是每个人都能意识到，也不是每个人都能享受的。

张锦秋：是的，田园生活有田园的生活乐趣，小县城有小县城的文化熏陶，所有这些东西的内涵是不一样的。比如后来抗战胜利，我们全家来到了镇江，我父亲还是在公路局——只不过那时是江苏省公路局。当时的镇江是江苏省省会，是一个文化底蕴非常丰厚的城市。我从小就是生活在川西田园、涪畔小城和长江之滨的镇江这些环境里的。

美的教育

采访者：了解一个人的情况，传统的方式就是知人论世。您能就您的家庭情况给我们作一些介绍吗？

张锦秋：那就从我们祖籍说起吧。我父亲是四川荣县人。荣县离乐山大佛不远，现在属于自贡市。我们老听父亲说，荣县也有一个大佛，他们小时候都爬到大佛的脚上去玩。吴玉章也是荣县人，这可是荣县出的大人物！

我们家呢，过去也是书香门第。父亲跟我们讲，他的祖父与一

四川荣县

家姓黄的关系非常要好，两家的妻子都怀孕了，他们指腹为婚，说好如果两家生的是一男一女，就配成夫妻。后来我曾祖母生了我祖父，黄家呢正好生的是一个女儿，小时候也算青梅竹马了。但是后来，张家逐渐败落，黄家越来越兴旺，黄家就想悔婚。这对我祖父打击很大。但是我祖母非常仗义，坚决反对悔婚，嫁给了我祖父。

嫁过来之后，我祖母就在当地办了一个女子中学，自任校长，祖父担任女子中学教员。由于之前的打击，祖父情绪不好，年纪轻轻就患上痨病，30多岁就去世了。这样，祖母一个人就支撑着女子中学，办学到40多岁，也去世了。

我父亲兄弟姊妹共四个，他是老大，下面两个弟弟、一个妹妹。这样一个家庭，使得我父亲必须顶门立户，负担起照顾弟弟妹妹成人的责任。根据当时的情况，有亲戚朋友就对我父亲说，首要的问题是要解决经济问题，你就去学商吧！他们推荐父亲到重庆去学商。但是父亲并不想当商人，他想做一些实业，所以就报考了唐山交大。当时的唐山交大在国内是非常有名的，很多工程技术的先驱都出自唐山交大。父亲在唐山交大学的是土木工程。

1947年在镇江省立实验小学

　　毕业以后，父亲到南京工作，并且把弟弟妹妹们都带出了四川。张玉泉，也就是我姑姑，是家里最小的，这时候也到南京考上了中央大学。当时我父亲就要做弟弟妹妹们的经济后盾，不仅让他们的生活没有问题，还要供他们上学。

　　从我祖父辈到我父亲辈，我总觉得这个家庭有一种性格或者有一种基因，就是为人正直、坚韧不拔。这种精神，我想可能是我们张家的传统。

　　采访者：如果把生活作为您天性的舞台，那么，父母的教育无疑是塑造您角色的重要部分。您父母都是高级知识分子，他们对您的教育应该是非常重视的。

　　张锦秋：是的，家里非常重视对我们的教育。父亲喜欢文学，在四川遂宁时，就让我和哥哥背《古文观止》，什么山不在高，有仙则名，水不在深，有龙则灵，我也是听哥哥大声朗诵，跟着背下了一些。让我背《唐诗》，有一阵还要求我一天背一首。父亲也会给我们讲解。所以，我很自然地从小就养成了对文学的爱好。到了镇江，

1951年在上海第二女中

我已经读高小了，就是小学五六年级。父亲让我每个星期自己到书店去买一本书，在家里弄一个小柜子，说这个柜子就归你了，你的书就放在这个柜子里。所以我从小就喜欢把自己买来的书看完后，整整齐齐地放在柜子里，高兴的时候瞅一眼，觉得这是我的家当，满心欢喜。

记得在镇江，我就喜欢看《三国演义》《水浒传》，觉得里面的智谋力取、英雄侠义很有意思。相比之下，我最不喜欢看《红楼梦》，觉得里面只是谈情说爱，小孩子嘛，自然不喜欢看。

当时接触的多半是传统文学。到了上海上中学，我才接触西方的文学，如俄国文学，高尔基、托尔斯泰、陀思妥耶夫斯基、普希金等作家的书，都看过，那时候我还是普希金的"粉丝"呢！我每天从家到学校，都要经过一个三岔路口，那里有一座普希金像，是俄国侨民在法租界竖立的，我觉得特别美好。直到现在，我每到上海出差，时间允许的话，我都要到那里摄影留念。再后来就是读巴尔扎克、狄更斯，毕业的时候读罗曼·罗兰的《约翰·克利斯朵夫》，等等。这些文学作品向我展示了五彩斑斓的世界和人生的广度与深度。后来的作家梦，既有小时候生活环境和家庭的影响，也有这种不断阅读、不断探索的兴趣。

采访者：这是一种潜移默化的影响。

张锦秋：对，潜移默化。

采访者：您觉得您的父母在教育子女的问题上，最成功的一点是什么，或者说他们对您影响最大的是什么？

张锦秋：就是通过自己的经历教育孩子们要有志气，要在社会上自立，不要依靠别人、依附别人。这是我们家的一个很重要的传承。这样，你就要思考如何自立于社会。怎么立？必须要有一技之长，要给社会作贡献，我父亲就是要做对社会有用的人，才选择了工程技术专业。那个时候还没有提为人民服务，我父亲只是叮嘱我们要好好学习，如果什么都不会，你在社会上就什么都干不了。另外，也有一些品格方面的东西。小时候，我们家绝对不许撒谎，就是要诚实，这也算是传统教育。人的品德要好，《增广》里边很多内容就是讲这些。如何为人，就是要对社会有用，要正直，要品德高尚。

还有，父亲很重视健康，要让我们身体好，教我们什么八段锦，什么胳膊要天天转。特别对是对我哥哥，因为是男孩子，父亲就让他参加体育锻炼，跑步带绑腿，也叫裹腿，里面灌沙子，后来还放上铁疙瘩。平常走路时绑上，据说练习久了之后，一旦解下来，就可以身轻如燕，行走如飞。我父亲很注意健身运动。

1953年摄于普希金像前

采访者：我觉得您身体就特别好，是不是和小时候打下的基础有关系？

张锦秋：其实我的锻炼不是很多，但是很重视健康。我们都知道身体好才能做有用的人，身体不好怎么用你？小孩子嘛，当时就是这样理解的。

采访者：这种言传身教的方式，在很多时候都有润物细无声的效果。您父亲对你们的教育还有没其他特殊的地方？

张锦秋：没有什么特殊的，和天底下很多父亲一样，都是尽可能地给自己的子女更好的教育。我父亲很严格，我印象很深。平常到了晚上啊，我们一家四口就着一张方桌吃完晚饭，桌子一擦干净就变成了书桌。我哥哥和我做功课，父亲看报——他每天都看报，母亲做针线活。那个时候没有电灯，只有电石灯，就是电石一加水，生出乙炔，在管子口一点发出照明的火苗。一家四口就是这样过着平常而有序的生活。

到了星期天，他就要带我们出去郊游。在遂宁，我印象很深的有两个庙，一个叫广德寺，一个叫灵泉寺。广德寺离县城近一点，灵泉寺要从涪江上摆渡过去——遂宁就在涪江边上，然后还要上山。拾级上岸，走上曲曲弯弯的山路，拐弯路过一些石头牌坊，再走一阵山路，又过一道牌坊，这时候才到寺里。曲折变化，山穷路复，自然觉得很有意思。后来学建筑时，讲空间层次要有节点，要有转折，以及风景如何安排，等等，我就会联想到这些儿时玩过的地方。

镇江好玩的地方就更多啦，焦山、金山、甘露寺，还有南郊竹林寺，等等。我记得当时不太喜欢金山，因为金山寺到处都是庙，都是房子。我喜欢焦山，它在长江江心的一个山岛上，要坐摆渡船过去——当时的船还是帆船，靠风力行船。坐帆船到了焦山岛，要爬一阵子的山路，那个庙就在山里边。后来学了建筑才知道，哦，原来金山是寺包山，焦山是山包寺，都是搞专业的人总结出来的。我们小时候就觉得爱玩焦山，要过江，要上山，曲径通幽，进到庙里一上楼突然视野开阔，眼前是茫茫大江，当时就觉得喜欢、好玩，实际上就是艺术感染力比较强。我们出去玩，哪儿好哪儿不好，还是经常会作出判断和评论。我想，这应该也是一种教育。

采访者：也是一种审美教育。

张锦秋：对于风景、建筑的辨别能力，可能从小就培养了一些，所谓喜欢不喜欢，从小总会有这样的问题的。这个还是烙印挺深的。

1956年暑假由京返沪旧地重游

多梦时节

采访者：能否谈谈影响特别深刻的学校生活？

张锦秋：学校生活啊，在遂宁是上小学。四川冬天很冷，一下课大家就排队贴在教室的外墙边，努力往前挤，前面的人尽力维持排头的位置，后面的人使尽力气把前面的人挤出行列，被挤出来就要重新排到最后，再往前挤。这样的游戏玩 10 分钟，就可以浑身暖和了。那时候还玩踢毽子、"跳房子"，不像现在的孩子们有游戏机什么的，但却很利于健身。

到了镇江，稍微有一点思想了。我在镇江上的是省立实验小学，是当时镇江最好的小学。校门外有一片荷塘，校内有一座山，叫笪家山。那个时候有点调皮，不想上课，就逃到山上去玩。山上呢都是树啊草，我们就躺在草坡上，大家讲故事啊玩啊。哎哟，突然听到铃声，放学了，快快快，快走，互相催促着回家。我还记得校园里边有一块碑，上面写着"十年树木，百年树人"，我们老师说，这是学校哪一届毕业生送给母校的，意思是学校是培养人的地

1963年夏由京返沪造访中学时每天途经的普希金纪念碑

方，培养一个人可比种一棵树难得多，勉励我们要好好学习。我读小学的时候，作文就比较好了。每周要买一本书，要看一些书。记得我有一次买了一本小的科技书，内容是讲能发光的菌子，然后我就写了一篇作文《能发光的菌子》，连老师都夸我写得好，其实那个内容就是看来的，不过自己写了一下而已。

中学时代，在上海，我目睹了上海解放的整个过程。我1948年到上海市立务本女中（后来的第二女中）读书。1949年5月，我们学校住进了很多国民党伤兵，惨不忍睹，就知道共产党在解放上海。解放前后那几天都没上课。我们家住在淮海路的一座公寓里，有一天晚上听见街上"噼啪噼啪"的枪声。第二天早晨从窗户往下看，就看见有穿浅黄军服的军人在街道上行走，他们说这就是解放军。再到学校的时候，国民党伤兵已经撤走了。从此以后，学校里边的政治气氛就浓厚起来，先是欢迎解放军，后来就有扭秧歌、打腰鼓，这些我都积极参加，我还是腰鼓队的呢。

采访者：您在学校也相当活跃，过得也很愉快。那是一个革命

2012年母校校庆返校

热情高涨的时代，也是您最为青春的年代！

张锦秋：确实很愉快。经常有一些联谊活动，我们班自己也排一些小的话剧，同学们凑在一起写剧本，演话剧，排舞蹈。有的同学跟社会上的舞蹈团体有联系，就组织大家学俄罗斯舞，服装都是自己拿一些旧衣服、旧床单做的，很丰富也很热闹。到了过年，每一个班都有晚会，自己布置教室，到处张灯结彩，每个人都从家里带来美味的食品，喜气洋洋，自然有那么一种气氛。

平常放学，我们也不直接回家，有的打篮球，有的打乒乓球。我们几个喜欢乒乓球的同学，放学以后就"噼里啪啦"打乒乓球，打到天黑才往家走，生活非常自由。回来家里保姆已做好了饭，却要等到一大家人下班、放学到齐了才开饭。起先我利用这段时间听广播剧，什么《钗头凤》之类的，很好听。后来回家就看小说，基本上一两天一本书。我那时候很喜欢阅读文学作品。晚饭后做作业，睡觉前还写写日记。

我觉得，我们的中学时代是很丰富多彩的，所以我才会做作家梦。我看了那么多文学作品，古今中外，都是在中学时代看的。我们第二女中的图书馆，俄国、英国、法国的作品都有。后来，那个管图书馆的胖胖的王老师，对我说，张锦秋啊，我们图书馆里的这些文学书你都看完了，你到市图书馆去办个证吧，那里可以借更多的书。我就到市图书馆，办了个读者证借书。当时上海市图书馆还时常举行一些讲座，我记得有一次请来了苏联作家爱伦堡。他写了一本《暴风雨》，讲座就介绍这部作品的创作过程，我和同学去听了。那个时候——中学时候的生活多丰富！

我还参加了上海中苏友好协会办的俄语广播学校，因为上海那个时候会英文的人很多，俄语教师却很少。凭着俄语广播学校的毕业证可以在上海当俄语教师！我们几个好朋友，一起报了俄语广播学校。每天早上5点起来，5点半听到6点半，完全听广播学习，当然也有教材。最后参加考试，我们都拿到了俄语广播学校的毕业证书，最后我来到清华大学，俄语免修，我就报了学校办的俄语高级班。我觉得，中学时代真是无拘无束，想干什么就干什么，多好。我给母校写过一篇回忆文章，回忆当时我们的学生生活，相比之下，现在的学生太苦了。那个时候很宽松，可以有各种活动，生活很丰富，充满了乐趣！

另一种身份

采访者：从您的性格来说，您是特别倔强、有主见的。您在少年时候一直做着文学家的梦，但在选择专业的时候，却接受了父亲的建议，学了建筑，这中间是否有过犹豫？

张锦秋： 是的，我那时候确实在做着一个年轻人的文学梦。那时候作文成绩评分有甲乙丙三类，我的作文老是得甲类。

其实我初中毕业的时候，就有一次选择人生道路和专业的机会。当时我从第二女中毕业，报考了四个学校，其中就有著名的上海行知艺术学校。这个学校绘画、雕塑、音乐、舞蹈，样样都有，我报了绘画。我还记得到行知艺术学校，看到人家有一个芭蕾舞厅，才知道有芭蕾舞这么一回事。还有一个国立高等机械学校，简称国立高机，主要培养技术工人。在 20 世纪 50 年代，这个学校在上海是相当出名的，国立高机毕业的学生，在上海都抢着要。就冲着这个学校的声誉，冲着好就业这一条，我也报考了国立高机。后来才知道这两个都是专科学校——那个时候也不懂专科和大学有什么区别。

然后还考了南洋模范。南洋模范一直是上海有名的私立中学，我的哥哥、表哥、表妹，都在那里上学，就我一个人在公立的第二女中，当然第二女中也不逊色，也是上海一流的中学。我就想，南模有什么了不起，我也可以考上。最后一个就是本校，初中转高中也要考。那时候去参加这些考试就和玩一样。

我同时收到了四个学校的录取通知，都考上了。去哪儿，其实也是一个人生的选择。我父亲说，你还是老老实实在第二女中上学吧。你现在应该接受完中学的教育，成熟一点后再考虑专业。我听从了父亲的指导。

我想，如果那时候我去了国立高机，我就到哪个工厂去加工机械部件去了，可能是一个很好的机械工人。如果我到了行知艺术学校学画画，以后就是学校的美术老师，无论哪一种选择，都将走上与现在完全不同的人生道路。那个时候解放军招文艺兵，我也报了名，让家人支持，父亲就说，你还是老老实实、好好念书吧。

采访者：您的思想很活跃。

张锦秋：那个时代的中学生，都是这么活跃，好像在学游泳，想怎么游就怎么游，人生有很广阔的选择空间。抗美援朝，参军参干，我也报名。学校说，你们这一伙儿还年纪太小，不够格。这就是年轻人，一听保家卫国，就有一股子热情。我参军报的是海军，想要到海上去。年轻的时候，朝气蓬勃，当然是不够成熟，但总是向往一种很美好的未来。

采访者：在您热衷于文学的同时，您还有一些绘画的天分，其实这个和您走上建筑创作的道路可能有着更为直接的关系。

张锦秋：也谈不上天赋，更多的是喜欢吧。在幼儿园和小学阶段，曾经学过画，但只有中学到了上海才真正接受美术教育。我1948年去上海读初一，此后到高三，六年时间都在上海度过。第二女中老名字叫务本，历史比较悠久（我去年还回母校参加了100周年校庆活动），是很有名的学校。美术课也比较正规。我的美术课成绩很好，常常自己设计图案啊，画一个花什么的，我就是喜欢画。解放初期经常有一些电影，如《中国人民站起来了》这些大型纪录片就登报征集放映纪念章方案，我积极参加，画了方案寄去，还得过奖，劲头很大。那还是初一初二的时候。

后来到高中，班上的板报、画报头，画插画、布置教室之类的事情，还有抗美援朝、"三反五反"、爱国卫生各种运动要画宣传画、漫画，都让我画。但是那时候的绘画都很不正规，画漫画也就是找一个报纸上的漫画，照着放大。一直到考大学，笔试考完了，等发榜的时候，美术老师对我们几个说，学建筑到了学校还要分专业，要加试绘画，我给你们培训培训。弄了几个石膏几何形体，给我们讲素描、选角度、打轮廓、明暗交界线、线条排列、明暗转折什么的。我们几个这才学了一点皮毛，到清华加试时还真用上了。

　　言归正传。我是怎么最后选择了建筑这个专业的呢，家庭氛围的影响无时不在。就我个人爱好而言，我喜欢文学创作的感觉，我还给巴金写过信请教，巴金也给我回了信，当时我真是热血沸腾，激动不已。按这个轨迹，我报考文学专业本是顺理成章。但在家里主要还是接受了建筑方面的熏陶。我的大舅父唐英早年留学德国学习建筑，曾先后担任过昆明市和南京市的城建局长，后来在同济大学建筑系担任教授。每到他家，听到他妙语连珠笑谈建筑与城市，十分诙谐幽默。他留学时手绘的建筑表现图工整严谨，令我惊讶不已。我母亲也是学建筑的，她是中央大学早期的建筑系学生，比我姑妈班次还高好几级呢。受大舅的影响，我母亲报了中人建筑系。后来江苏建设厅招聘，一个月工资 80 元。80 块钱，这在当时算很不错了。舅舅主张我母亲去，我母亲非常听哥哥的话，就离开中央大学建筑系到建设厅工作。这时她在中大才学了一年。

　　1948 年从镇江来到上海，我们家本来可以由政府另外租一套房子住的，但父亲跟姑妈一商量，说两家合住一套公寓房吧，这样我们一家四口就都挤在姑妈的公寓房子里了。因为姑妈在上海开建筑事务所多年，家里有很多画图桌、大图板，我们做功课什么的，都在放着大图板的绘图桌上。家里挂着一些建成工程的照片，是我姑妈设计的，都挺好看。学建筑的一定要喜欢艺术，我们家的人还是挺适合学建筑的。但是我个人的情况特殊一点，我更喜欢文学。

采访者：您的家庭成员中，不少都有着建筑从业、建筑教育或者相关专业的背景，如您母亲、舅舅还有姑妈，这样一个家庭氛围必然对您有很大影响。而从女性建筑师的角度，您姑妈张玉泉应该对您具有更为明确的指引性。

张锦秋：我这里主要谈谈姑妈张玉泉吧。刚才说到过，我父亲先到南京工作，就把弟弟妹妹从四川荣县带出来了。当时很多人都想出川，向往上海和南方等地的生活。姑妈那时候中学毕业，决定到南方来上大学，事先没和我爸说，就一个人突然跑到南京来，我父亲当时吓了一跳，哟，一个小姑娘怎么自己单独跑出来了呢！父亲是一个普通的公务员，住在一个很小的房间里，里面摆一张单人床，床旁边是一张吃饭的方桌，整个房间就满满当当了。父亲弄来一张折叠行军床，晚上打开行军床，一半插到饭桌下面，姑妈躺在行军床上，腿就在饭桌下面，只露出上半身。兄妹两人就挤在这样一个小房间里。

姑妈从四川出来考中央大学，难度是很大的。文学没问题，姑妈诗词歌赋样样精通，特别会写诗，但是数学、物理还是比较费劲的，所以她考入中央大学建筑系很不容易。

姑妈是我的活榜样。其实她很少直接对我说应该怎样，她对我而言是身教重于言教，也就是张家那种自立、拼搏、坚持的精神。她从四川出来上学，肯定困难很大。学成以后呢，她与同班同学费康结了婚，一度去了广西，后来回到上海办了一个建筑事务所，这在解放前是很普通的事情。

但很不幸的是，姑父才三十多岁就得了白喉，被医院误诊，英年早逝。姑母很年轻就守了寡，带着一儿一女，就是费麟和费麒。那时追求她的人很多——姑母长得又好看，又能干，还能自立赚钱，是建筑师。但她一概拒绝，一心就是要把儿女抚养成人。抚养孩子需要经济基础，她还必须办这个事务所。你想啊，在解放以前，一个女人办个事务所，那是很艰辛的。那时上海已经沦陷了，姑妈带着费麟和费麒在上海，大哥在四川鞭长莫及，没法照应。

姑妈一直坚持工作。解放前夕，姑妈身体很不好，胃溃疡，偶尔还吐血。解放后搞公私合营，上海很多设计单位，过去都是事务所，组成华东建筑公司，就是后来的华东工业建筑设计院。姑妈报名参加了华东设计院，从事建筑设计，早出晚归，很辛苦。她的身体不好，但却要经常出差，因为真正的建设项目都不在上海，都在东北，也有西南四川一带的。这完全改变了过去多年在上海的女专家比较优裕的生活方式。后来又把她调到了北京第一机械工业部设计院，离开上海到北方，对她真是生活的大转折。然而姑妈还是很高兴地投身祖国的建设，那时年纪也快 50 岁了。姑妈调到北京工作的时候，费麟兄妹还留在上海上中学，我们住在一起，直到后来费麟考上清华，次年我也考上清华。住在一起的唐姐考上武汉测绘学院，继之费麒考上北京地质学院，上海这个家人口逐年递减。弗拉尔基、德阳这些地名，我们都很熟，因为姑妈老出差到这些地方，去搞工业建筑。一般建筑师过去都喜欢搞艺术，她在上海也是。脱离艺术去搞工业建筑，到那些条件极其艰苦的地方去出差，她从来没有怨言。在北京，单位分配的房子很小，居住条件很差，与她在上海

1954年报考大学　　　　　　　1954年秋清华建筑系一年级新生

住了几十年的公寓房子简直有天壤之别。这一切都没有让她退缩。

采访者：20 世纪 50 年代中期，正是新中国成立后和平建设的火红年代。在时代的感召下，也是在您周围的这些大家们的影响下，您终于选择了建筑而不是文学。

张锦秋：我当时还在犹豫。1954 年夏天，即将高中毕业的我面临究竟学文还是学工的难题，犹疑不决。父亲与我的一次谈话深深打动了我。谈到我哥哥已经在上海交通大学造船系学习，他说："我希望你们两兄妹，将来一个设计建造海上的建筑，一个设计建造陆上的建筑"。他这番充满诗意的话语，使我毅然决然在第一志愿上填写了"建筑学"。

1954 年 7 月，报纸上公布了全国高考录取名单。我的名字被登在清华大学土木建筑类。当年 9 月，17 岁的我首次独自离家远行，告别生活了六年的上海，乘车北上奔赴首都。从此，开始了我的建筑生涯。

采访者：您在父亲说服下放弃作家梦改学建筑，建造陆地上的房子，而在后来的文章中，您说道："在建筑创作的领域里，我近乎于中国古代的工匠，或者更像一个写小说的文人"。把工匠的身份和文学梦挽结在一起，这样的说法很有意思，是否在您的本底里至今还有未尽的"作家梦"？

张锦秋：应该是和作家梦有关系的。这是我获得何梁何利奖的时候发表的感言。为什么说像工匠，工匠既要巧思又要一丝不苟，一个建筑从构思到建成，需要一个一个的细部。梁思成先生过去写过《拙匠随笔》，梁先生说，自己也就是一个匠，拙匠，他说我不是客气。当了这么多年的建筑师，我也有这个体会，如果你不是一个匠人，你光是画一张方案图，说明这个房子怎么盖起来，就让别人去做，那么你不是一个真正的建筑师。每一部分如何实现你的构思，通过什么技术手段去实现，当中有哪些难点，你都要亲自参与解决定案，甚至到现场指挥如何选择材料，就像一个工匠那样对待工程，所以我觉得我确实就是一个匠人。

怎么又想到了写小说的文人？这与我对建筑的理解有关。中国传统建筑艺术，其空间艺术一个很重要的特色是情景交融。建筑的艺术氛围，不是光说好看就行了，而要表达一种思想，一种感情。这种"情"，与设计的实体打造出的空间景观，应该有机统一，就是情景交融。建筑师经常到国内国外各地参观，到了一些名胜古迹，你就会联想到，当时是什么人在这个房子里活动，怎么用这个房子，当时这个建筑是一种什么样的情景。比如参观一座寺庙，这里的僧侣怎么做法事，怎么修行，怎么参禅打坐，自然就会产生相应的联想。去参观徽州的古民居，在赞叹民居艺术的同时，就会想到

居住其中的人。那些徽商是如何离开家乡到远方行商，他们把老婆和闺女关在房子里头，她们也就天天守在院落、绣楼里，等着远方的家人回来。这么一种孤寂的生活方式，自然与徽派民居的精致庭院、高高门墙，还有独具特色的风火山墙联系起来了。实际上，这是通过观察建筑的方式还原当时的生活场景，怀想他们的生活。如果这个宅子的主人是文化人，里边还可能有很精彩的历史故事。所以我就觉得现在我们光说这个地方好，风景怎么优美，我觉得没把故事讲出来，没有讲到精彩之处，总有隔靴搔痒的感觉。情景交融就指能抒发情怀的空间场景。

我觉得其实建筑就是历史。不同的建筑有不同的历史，如皇宫宫殿的历史，民居私宅的历史，一个小姐终生独居闺阁，一个文人毕生穷困乡里，所有的建筑都和具体的个人命运相连，和具体的故事相关。建筑师自己做设计时不想将来是什么人在里边活动，如何使用建筑等情景，是不行的。建筑师和作家一样应该先有构思，需要借助想象，让建筑本身在时空流转之中获得活的态势，通过使用者的演绎，完成对整个建筑功能和环境的塑造。所以，我觉得建筑师的工作非常像写小说，而不是一个纯粹的工匠，因为后者更多是在思考怎样建成这个房子。工匠的任务是保证建筑的完成度很高，而建筑师要考虑建筑里边活动的人，可能会出现什么样的情景交融的场景。

采访者：也就是说，情景交融也是一个个人文学素养与建筑师专业技术的结合点。

张锦秋：是这样的。

第 2 章

求学者
vs.
建设者

在大师身旁

采访者： 凡是 20 世纪五六十年代在清华建筑系求过学的，恐怕都无法避谈梁思成先生对自己的影响。您在清华读研就是师从梁思成先生，能否谈谈对梁先生的印象？

张锦秋： 我是大学毕业后，分配到清华建筑历史与理论教研组当研究生时才真正开始跟随梁先生学习的。这里需要说一下，"整风反右"以后国家取消了研究生制度，到 60 年代初才又恢复培养研究生。当时我们学生并不知道，不可能有人要考研。所以，我们系恢复研究生制度的第一批研究生是分配的。我当年报考清华大学时的梦想就是想当个建筑师，我向往北京，向往清华大学，向往梁思成先生，所以第一志愿就报了清华，我是奔着北京，奔着清华，奔着梁思成先生去的，就想在清华好好学习，做个建筑师报效祖国。来到清华以后，本科学习阶段，因为梁先生是建筑系的负责人，我们只能偶尔见到他，都是以崇敬的目光，远远地仰视，没有比较直接的了解。1961 年被分配当梁思成先生的研究生，是我的莫大荣幸。

成为研究生后，梁先生的书房就成了我常往的去处。那个时候啊，是"大跃进"后全国调整、巩固、充实、提高的时间，我感觉清华园里弥漫着一种暴风雨过后的清新。梁先生的书房朝南，有两个大窗户，十分敞亮。房间东端当空布置着梁公的书桌，书桌对面的西墙排满了书架，架上还摆着一些工艺品，其中就有全系师生都知道的汉猪。书桌右前侧是一条长沙发，沙发端头的小茶柜上方摆放着林徽因先生的照片。书桌左前侧是木茶几和靠背椅，墙上挂着梁任公的墨宝。小屋子简朴舒适，紧凑而不拥挤。冬春之交，梁公喜

梁思成先生经常坐在这里给学生讲解

欢在书桌右角摆一盆"仙客来",挺秀的朵朵红花显得生意盎然。梁先生经常坐在圈椅上侃侃而谈,我总是拉一把木椅坐在书桌前洗耳恭听,偶尔插话提问。梁先生社会活动多,他出差前常关照我到他书房学习。他说这里书多又安静,比学生宿舍条件好。但我从来不敢一个人闯去看书。

采访者:作为中国现代建筑史上的开创性人物,梁先生身上有很多杰出而优秀的品质,其才华特出也是众所周知的,您应该有更多具体的体会吧。

张锦秋:是的,有些事情还记得非常清楚。我记得是在1963年,梁先生从广西考察回来,提到"真武阁"那座古建筑,十分赞赏。他打算写一篇文章,约我去作记录。那天上午,天气晴朗,窗外一片葱茏。梁公精神挺好,在书房里踱着方步,一句一句地慢慢讲来,偶尔停下来推敲一下用词,又继续口述下去。我坐在他的圈椅上一字一字地在稿纸上作记录。大约一堂课稍多的时间,他讲完了,文章也成了。就这样,几乎没有什么改动就被全文刊登在当时的《建筑

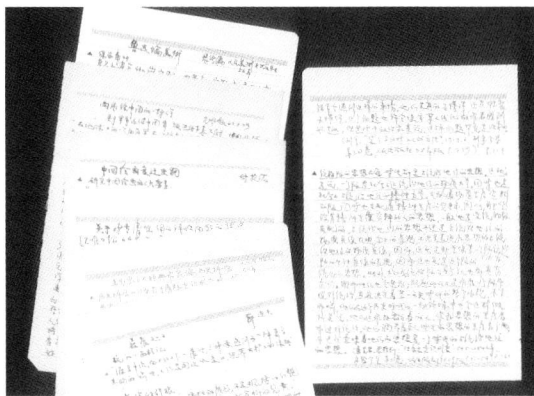

20世纪60年代初一些读书笔记

学报》上。过去我听系里的老师说梁公如何才华横溢，这次亲眼见他出口成章、倚马可得，真使我大开眼界。

　　我的关于颐和园后山的论文动笔之前，我曾拿着乾隆关于后山西区风景点的十一首诗向梁公请教。为了便于他看，我把那些诗抄在几张小纸片上，在不懂的地方画了横道。那天梁公格外高兴，他把这十一首诗逐字逐句讲给我听。乾隆诗中涉及大量典故，有些近于冷僻。但梁公不须查阅什么资料随口就引出出处。像"椰叶定无何足拟"句中的"椰叶"的出处，他立时随口说这是从《吴都赋》"槟榔无柯、椰叶无阴"中来。"可以谢蹄筌"那句他又讲是出自《庄子》"马蹄鱼筌"。在解释"看云起时"这个景点名字时，他说这是取自王维的诗句"行到水穷处，坐看云起时"，歇一会儿又对我说，"中国园林不能只看空间形体忽视了意境和情怀。中国园林是一个特殊的领域，凝固了中国绘画和文学。园林中的诗词，往往倒是这方面集中的体现。从你注意问题来看，现在你的学习又进了一步。"这席话使我对颐和园后山西区诸风景点的意境有了进一步的认识。只可惜，论文脱稿时，正值"社教"运动热火朝天，阶级斗争的弦绷得

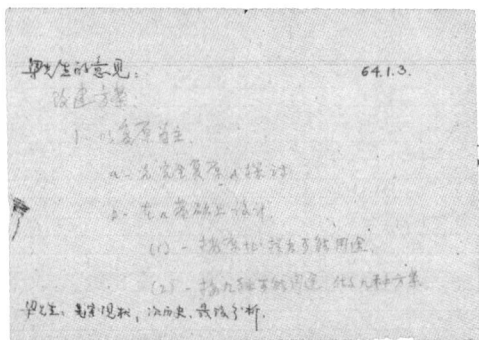

梁思成先生给张锦秋论文的书面指导

更紧了，梁公讲解的乾隆的诗境画意只好从论文中删去，并在论文中对这些诗我还贬了几句。可喜的是梁公在上面亲笔注释了的那几页划了横道的乾隆诗，我一直保留到今天。

　　梁先生有时很健谈，妙语连珠；有时又仿佛老之将至，有许多感慨。有一回，谈到书画品格、艺术风格。他说：作品的气质与作者的爱好也并非总是一致。比如他自己喜欢那种豪放的、有"帅"劲的风格，而他自己的字和画工整有余，"帅"味不足。稍停一下之后，他颇为感慨地说："这是我一生的遗憾。"接着他在案头顺手拿过一份他的手稿给我看，说道："看到自己'帅'不起来，所以我就一笔一画、工工整整地写字，至少要使人家看得清楚。"就是这句话，使我以后再也不敢伸胳膊伸腿地乱写"自由体"了。当时我接着说："您的罗马斗兽场那幅水彩不是挺'帅'吗？"他摇摆头说："并不满意，那画虽然表达了斗兽场的古朴、坚实，可是笔触和色彩都还不够洒脱，没有充分表现它的宏伟感和历史感。"我深感他是如此的谦虚，严于对己。

采访者：作为梁先生的弟子，您继承了梁先生未竟的事业，对中国传统建筑和现代建筑的融合进行了深入探索，甚至很多观念也受到了梁先生的影响。

张锦秋：是的，我觉得我很多观念都有着梁先生的影响。比如有一回说到建筑师的地位。那时梁公正给《人民日报》写《拙匠随笔》。他说："其实，我们建筑师就是匠人，给人民盖房子，使人民住得好。不应该把自己看成是主宰一切、再造乾坤的大师。我取'拙'匠正是此意。"我现在也认为建筑师从事的是服务型的工作，目的不是要做什么艺术大师。

梁先生倡导民族形式，对于那些生搬硬套、穿靴戴帽的"半吊子"建筑总是很恼火。有时还用十足的"京片子"挖苦几句。他喜欢民族宫、美术馆。我说民族宫、美术馆就像《祖国建筑》书中那幅《想象中的建筑图》。梁公说："实物比想象的更美。"

梁公很喜欢日本的古建筑。他对我说，日本保存的隋唐时代从中国传去的古建筑，比中国保存的唐代建筑要多，学习研究中国古代建筑不可不去日本。遗憾的是他虽然生在日本，却未曾去看过法隆寺、唐招提寺。梁公还欣赏战后日本的现代建筑，是现代的又有传统，是和风的。他在讲到中国建筑要"中而新"时，也常举日本的例子。1985年我两次出访日本进行建筑考察，当我伫立在一座座梁先生讲过的古建筑前，感到他讲的是那样贴切，就像他曾亲眼见到过一样，一时思绪万千，仿佛又回到了二十年前的清华园，耳边又响起了梁先生为未见到法隆寺、唐招提寺而深感遗憾的话语。当我对日本京都、奈良文物界、建筑界的先生们谈到梁先生对日本古建筑的喜爱时，日本的古建筑权威、京都府埋藏文化财调查研究中心理事长、工学博士福山敏男先生说："梁思成先生是我们日本的大恩人。是他在第二次世界大战中向美国提出了保护奈良和京都的建议，我们的古都才得以免遭滥炸而保存下来。我们永远不会忘记他。"梁先生的国际视野和国际情怀，是值得我们认真体会学习的。

矢志园林

采访者：后来具体指导您研究中国园林、完成研究生论文的是莫宗江先生。在此之前，您了解莫先生吗？

张锦秋：莫先生是清华大学建筑系的知名教授，早在我们建筑系低班学生中就被公认是一位颇具传奇色彩的老师。我们都知道他是梁思成先生的得力助手。梁先生带着他去寻找、发现了一座座国之瑰宝的古建筑，还教他绘制出一幅幅精美的、文献性的建筑实测图。他是全清华大学唯一不具大学学历的教授！每当莫先生给我们上中国古代建筑史课的时候，大家都抢第一排的座位，以便看清他在黑板上飘逸的钩画和用投影仪反射出的一幅幅精选实例图片。例如，在讲苏州园林时，他曾放出一张竖构图的黑白照片，高高的叠石陡山上矗立着一片雪白的粉墙。他说："中国古典园林中有各种不同的美。你们看这一景，是不是简洁明快、充满了现代美？"至今这个画面还印在我的脑际，不可磨灭。

采访者：这样一个画面触动了您对中国园林的独特情怀。但最终选择研究中国园林而不是中国古代建筑，是不是还有其他事情的

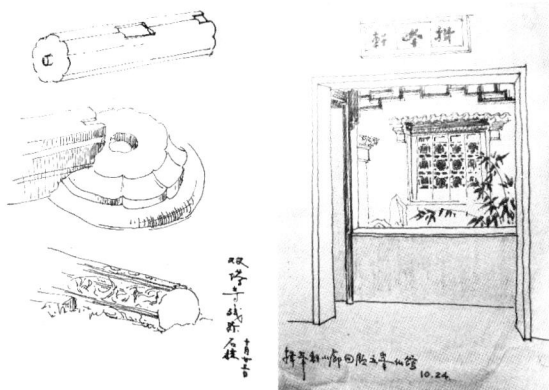

参观考察速写

触发?

张锦秋：真正让我下定决心研究中国园林的，还是 1961 年我读研究生期间参与了历史教研组组织的两次大规模的学术考察活动。第一次是在北方考察历史遗址、古建、园林，第二次在南方，则主要是园林。两次都由莫宗江先生带队。每到一处都是莫公（当时大家都亲切地称他为"莫公"）为我们"导读"。他边走、边看、边讲，揭示了许多我们看不出或不懂的美景和典故，特别是点评规划设计的成败，言简意赅、切中要害、入情入理。他既要对我们这些晚辈进行教学辅导，又要围绕自己的课题抓紧深入研究、实地拍照，所以总是忙得不亦乐乎。那时正值三年自然灾害的困难时期，连香烟也要限量供应，这对劳累不堪而曾是烟不离口的莫公真是够呛。可他却每到一处总是神采奕奕。这两次学术考察使我为中国古典园林倾倒，认为这是一个可以古为今用的广阔领域。

采访者：所以您放弃了跟随梁思成先生作《营造法式》研究的机会，而跟随莫先生研究中国园林，完成了硕士毕业论文。

参观考察速写

张锦秋：当时清华建筑系历史教研组在中国古代建筑史方面有两个重大课题，一个是梁思成先生宋《营造法式》研究，一个是莫宗江先生的颐和园研究。1962年我的研究生课题定向时，梁公曾希望我随他学习宋《营造法式》。他通过系领导征求我的意见。因为我更喜欢中国园林，而且很想通过研究古典用于现代，跟谁也没商量就自己作主表示想研究园林。表态之后，我才想到应该先向梁先生请教一下才对。为此好几天心里不安。可喜的是梁公尊重我的志愿，支持我研究园林。

那是一个黄昏，斜晖脉脉，书房的空气宁静舒缓。梁公笑容可掬地坐在他的圈椅上，又像是讲正事，又像是聊天地谈了起来。他先问我研究学习的情况。我说已随莫宗江先生多次到颐和园听他现场讲解分析，但题目尚未决定。我还说吴良镛先生对此也十分关心。梁公说："我虽然喜欢中国园林，但却没有系统地下过功夫。你有志于研究中国园林，这很好。这方面请老莫（即莫宗江教授）指导最合适。他对古典园林研究很深。不但对造型、尺度十分精到，而且对这种东方的美有特殊的感受，对一山一水，一草一木，一亭一阁，一情一景都能讲出许多道理。"他又说小吴公（即吴良镛教授）能从规划格局上着眼，从总体布置上分析，这对于大型皇家园林的研究十分必要。要求我认真向两位老师请教，在深与博两个方面的结合上去探讨研究。一席亲切的教诲，成为我研究学习中国园林的指南。从此，我就正式跟随莫先生学习中国皇家园林了，一学就是三年。

采访者：也就是说，在正式跟随莫先生学园林之前，您已经跟着作了不少中国园林的研究，对中国园林有不少的了解？

张锦秋：那时还只能说是学习，谈不上研究。莫先生在关于清代北方十大皇家园林，特别是颐和园的来龙去脉、规划布局、景点设计、艺术特色等方面已经做了大量研究工作。他曾在教研组小范围内讲过几次《颐和园研究》。他到颐和园进行现场研究有时叫我随同前往。他不时会提出问题要我回答，促我思考。一次，他让我分析一下意迟云在、重翠亭和千峰彩翠这三个处在一条路上的建筑的景观特色。为此，我在这三处转了好几次，画了速写及平面图，后来发现在造景方面除建筑的形式、位置外，道路与建筑的关系起着重要作用。我把这些图和体会向莫公汇报时，他笑着表示满意。然后，他让我接着做一个课题，把昆明湖中的龙王庙这个岛屿作为景点进行研究。对当时的我这就是个大题目了。我学着莫公的工作方法，查阅历史文献资料、弄清沿革，从全园总体布局上进行分析，对岛上建筑群进行测绘并研究，摄影、画图、成文，在此过程中不断受到莫公指点。在他鼓励下，我将这篇文章送交《建筑历史论文集》发表。

采访者：从研究方法上来看，您的硕士论文选择研究颐和园后山西区园林，是以典型的园林布局和造景来探讨中国园林造景的特色？

张锦秋：最初定论文题目的时候，是莫先生根据我之前作的基础研究，总结提出来的。题目定为《颐和园后山西区若干风景点的园林原状、造景经验与修复改造》，由于这一区内的园林建筑在英法联军侵入颐和园时已破坏殆尽，我也在论文中提到研究的目的，"作为园林的一部分，后山西区的本来面目是怎样的？这个景区的造景

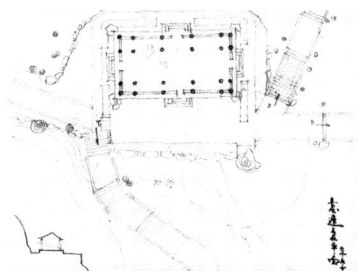

"意迟云在"景点分析

技巧有无可资借鉴之处？它是否需要修复和怎样进行修复？科学地回答这些问题，无论从历史文物的研究，或造园经验的分析，以及古园今用的探讨等方面来看都是很有意义的"。"颐和园后山西区是我国古典园林中一种类型的优秀作品。它在人工创造大尺度山水环境，发展以自然山水为主、点缀以少量建筑的园林类型方面，创造了许多成功的经验。在浩瀚的中国古典园林艺术的海洋里，它虽然是沧海之一滴，但从这一滴海水之中，我们也能够感受到我国古典园林艺术的高深精湛与夺目光彩，能够学习到许多至今仍有实用价值的宝贵经验，它使我们更加深刻地认识到，重视整理历史遗产工作的重要性。"从这个角度出发，研究颐和园的后山园林，已经不仅仅是个案的取向了，只是由于知识和能力的有限而选择这样一个着力点而已。

采访者：听说在您写论文期间，考察颐和园并进行现场勘察、搜集数据的时候，曾经巧遇周恩来总理，这一次的经历也应该让你永生难忘吧？

张锦秋：是的。那是有一次到颐和园的后湖拍摄资料，由一位小伙伴稳住小船，我站在船上拿相机取景拍摄。这时一艘画舫驶来，周总理就坐在靠近我们的一侧，陪客人参观游览。我和同伴都欣喜若狂，连忙高喊："周总理好！"周总理微笑应答，并和蔼地问道："你们是姐妹吗？"我说："不是的。"周总理再问："你们是哪里的？"我回答说："清华大学建筑系的研究生，正在研究颐和园后山。"周总理说："好嘛，希望你们好好学习研究。"那次偶然相遇，使我激动了好久好久。总理的游湖与鼓励增添了我学习研究的热情。没有想到的是，在20余年后，我主持设计的陕西历史博物馆也是周总理要求建设的。实现总理的遗愿，这也是激励我做好这一项目的精神力量。

采访者：站在历史的角度，您能对梁先生在中国现代建筑史上的重要地位作一些评价吗？

张锦秋：梁公是一位具有高度爱国热忱的卓越学者，是我们的优秀导师。他留学回国，跋山涉水进行古建筑考察，"二战"期间更是含辛茹苦带领营造学社同仁考察不辍、研究不止，为中国建筑史研究的科学化奠定了基石，树立了榜样。20世纪50年代初，在清华建筑系办学时从美国带回了现代建筑的许多实例图片和现代建筑理论。对诸如空间（space）、思维（thought）、质感（texture）、色彩（color）等的概念都有一些新的解释，对后来影响很大。这些新的现代建筑思想都贯穿到当时清华建筑历史和建筑设计的教学中了。可见他是一位开拓性的大师。他的渊博知识，对专业真挚的感情，继承发扬祖国建筑传统的雄心壮志，提出的创造"中而新"建筑的目标，对于鼓励我们年青一代热爱专业、树立良好的学风和为祖国的建筑事业的献身精神，具有极大的感染力。我有幸年轻时光在清华园接受梁公和以他为首的清华建筑系诸位老师的教诲，在他们的引导下，我踏上了继承发扬祖国建筑优秀传统、创造新中国建筑的征途。

采访者：莫宗江先生也是中国建筑界大师级的人物，是梁思成先生的得力助手，是清华建筑系栋梁之材，作为莫先生的弟子，您能评价一下莫先生对您的影响吗？

　　张锦秋：成为莫先生的弟子，是我一生的幸运和光荣。莫公由浅入深、由表及里、由此及彼，一步步引领我进行了学术的攀登。中国有句俗话："师父领进门，修行在个人"，莫先生就是把我领进中国古典园林大门的恩师。我在此后数十年建筑创作中无不受此深刻影响。他那敏锐的艺术鉴赏力、生动的传授感染力，他那不断探索的治学精神，感人至深，令我终生不忘。他对我们年轻人的教诲总是严格而又慈祥，高深而又浅出。他曾经说要在一场大雨之后带我们年轻人去看香山的瀑布，这是他独到的发现。可惜，时光流逝却始终未能成行。

　　莫先生在从事课题研究、带研究生、给同学讲授中国建筑史外，还在教研组内部多次给教师作专题讲座，对于提高清华建筑历史教研组成员有关中国传统建筑的了解和认识水平，起到了很好的促进作用。如他在教研组内曾系统地讲《中国古代建筑法式制度》，内容丰富，分四次才讲完。有一次我和年青教师一起带学生测绘古建筑实习之前，莫公专门给我们讲了《清官式的基本做法》。从莫先生得来的关于古建筑的系统知识，可以说我是受用终生了。20 世纪 80 年代初我还回到母校专程拜访莫先生，就唐代建筑问题向他请教。他仍像当年我在校时一样，不厌其烦地向我讲解传授唐代建筑之要领，对于我在西安设计新唐风建筑是莫大的鼓励与支持。

　　进入 20 世纪 90 年代，莫先生健康每况愈下。1991 年 7 月 27 日上午我回清华看望莫先生，他七十五岁生日刚过，正值做完第一次癌症手术。罗森教授陪同我前往清华大学校医院探望。手术后的莫公精神很好，很想出去走走。在莫涛陪伴下我们一起在"荒岛"

1991年与老师莫宗江教授手术后在清华园合影

散步并摄影留念。最后一次见到莫先生是在 1999 年 11 月。他又一次手术后病危住在北大医院，周围的人都知道他的时间不多了。本来就清瘦的他，这时更加干瘪了。莫先生则还是很精神地叫师母取出他写的书稿详细提纲，很兴奋地对我说他还要写什么、补充什么。我只好忍着泪水劝他休息，待身体康复后再工作，这是最后的道别。半个月后我在西安获悉莫先生已辞世而去。莫宗江恩师永远留在我心中。

建设豪情

采访者：在清华园的生活，应该是您人生一段非常丰富、非常难忘，同时也是激情满怀、豪情顿生的生活，在这里的求学，在这里的社会实践，都成为了您后来职业生涯的源头，也成为了您事业的奠基。

1959年春和中国革命历史博物馆设计组同学在工地

张锦秋：在清华的生活，除了跟随大师们学习之外，还有很多丰富的社会实践活动，虽然其间也在整个社会的大形势下，被各种各样的运动所打乱，但各种各样丰富的社会活动，也确实为我后来的建筑设计与创作打下了良好的基础。

在国庆十周年之际，我们全系各班在老师的带领下，参加了国庆工程的设计工作。我是革命历史博物馆那一组的，从方案到施工图，我都参与了。那时候只有六万平方米左右的面积，但是要和广场对面十几万平方米的人民大会堂体量、高度大体相当，这个要求很高，难度非常大。当时选用了一个外形简洁的矩形平面，两边有院落，展厅围一圈，朝人民大会堂是一个高耸的门廊，门廊里面也是一个院落。在施工图阶段，我们清华的设计团队与北京市设计院一起，在张开济总建筑师主持下开展设计工作。我们这拨学生在西

1958年在清华建筑系加工中国革命历史博物馆方案图

交民巷一个院子里搞现场设计。每天在晨雾中，我就在天安门广场上沿着人民英雄纪念碑的中轴线跑步，心情开朗而自豪，觉得国家这样欣欣向荣，这样器重我们年轻人，我们一定不能辜负国家对我们的期望。天天跑步，这种精神状态是刻骨铭心的。此间我还有生第一次参加订货会议。我们设计上提出的要求，各方都一一满足。这种场面使我感受到了全社会对国庆工程的热情支持。这样的经历不仅仅锤炼了我的身心，提升了我的爱国热情，甚至也为我后来的建筑设计奠定了基础：当西安开始陕西历史博物馆建设的时候，我就因为有参加革命历史博物馆的建设经验，而获得了机会，毫不胆怯。如今，天安门广场上改造一新的国家博物馆比过去更有气势、功能更完备、更为现代了，但对我来说，那个老的纪念馆却是更为重要的一个人生参考标。

第 3 章

古都西安
vs.
新唐风

西行长安

采访者：很多人都特别好奇，您当年为什么放弃北京而来到了西安？

张锦秋：我来西安，有一个大的国家背景。当时国家培养研究生的目标很明确，就是要培养师资和科研人员，我们读研究生，按常规就是要留在清华建筑历史教研组的。我们本来应该在 1965 年毕业分配，刚好毕业前一年赶上全国开展社会主义教育运动，研究生必须参加一期，所以 1964 夏天我们就参加了"社教团"，去顺义县马圈公社了。"社教运动"接近尾声之时，已经是"文革"前夕。

从整个清华来讲，建筑系"应该"是"资本主义思想"最厉害的，而建筑历史教研组更是"封资修"的"黑窝窝"——西方近现代建筑是资本主义的，苏维埃（苏联）建筑是"修正主义"的，中国古代、西方古代建筑是封建主义的，所以当时教研组不仅不能增加师资，还要裁减人员，这样，我就没有留在清华建筑历史教研组，而是分配到建工部的建研院历史所。我去历史研究所收集资料时，所长就对我说，你以后就到我这里报到。可是一年"社教"回来，1966 年初建研院又被作为"封资修""黑窝窝"下放了。建工部干部部的领导找我谈话说，根据现在的情况，很难给你安排建筑历史专业的工作了，好在你的情况（党员，出身知识分子家庭，政治条件比较好），可以去参加三线建设，组织上考虑西安是三线建设的基地，就安排你到那里去，不知道你有没有意见？

说实话，谈话的内容虽然出乎我的意料，却也没有觉得突然、不可接受。这就要说到我们研究生毕业前听过的周总理报告。当时

1965年8月结婚旅游在庐山

中央领导都要给首都应届毕业研究生作报告，我一共听了两场：本来应在 1965 年毕业，周总理在 1964 年给我们作了一次报告；最后 1966 年毕业，1965 年又听了一次，这一次是彭真作的报告。

周总理那个报告，我印象特别深。当时我们在人民大会堂宴会厅席地而坐，等周总理。总理很忙，本来说晚上八九点过来，结果一直等到十一二点。周总理的报告语重心长，讲了很多，其中就谈到国家对研究生寄予厚望，希望我们出去工作要过好几个关。首先是过好工作关，要服从祖国需要，到最艰苦的地方去。不能太傲气，要适应工作需要。其次要过好家庭关。我对这个印象也很深，我当时想，家庭关是什么关呢？周总理就举自己的例子，说他参加革命工作到现在，地位高了，家乡不断有人来找他，要他帮助解决工作、经济上的一些问题，他说这个一定要处理好。周总理说，这个家庭关嘛，就是家属要求你做事情，也要按章办理，不能办的就不要办，不要为了家庭成员，就找各种理由来照顾。最后还要过健康关，没有健康的身体根本做不了工作，要坚持锻炼身体。最后特别强调要服从祖国的需要，祖国哪儿有需要，就要积极响应号召，

1965年8月结婚照

到祖国需要的地方去。那次一直讲到深夜，我们都很激动，回到学校已经是半夜。

当时干部部还说，你爱人在宁夏，把你分到西安，建工部可以负责把你爱人调到西安来，解决两个人团聚的问题。我觉得这样挺好，所以欣然接受了。这里既有国家大的客观形势的原因，也有服从国家需要的理念，还有解决与老韩两地分居现实问题的原因。综合几个角度，来西安甚至还是比较优选的方案。

当然，要说一点"想法"没有也不可能。搞三线建设，以后就可能与学术无缘了——这是我当时的想法。我离开北京的前夕，把自己收藏的一整套建筑学报——从第一期一直到我毕业的那一期，完完整整地送给了费麟——反正建筑艺术的资料，今后相当长时间是用不上了。坐着火车向陕西进发，一路往西，越走越荒凉，举目都是黄土地，感觉就有些失落了。想想啊，以前生活学习在清华园，科研在颐和园，时不时参观各种画展，京华风云眨眼成空，而在西安的未来却还是一片渺茫，伤怀感触，在所难免。

来西安以后倒也好。西北设计院对我非常热情，主管人事的领

1966年春清华大学建筑系
研究生毕业

导找我谈话，说你是搞科研的研究生，在我们设计院还是到技术处去好，不要到设计生产室去——院里想照顾我，让我做做学问，看看书，写点东西什么的。但是我说不，我既然到了设计院，政府分配让我参加三线建设，我就要到生产一线，到设计所去，这样我就分配到设计所了。我心想，不去怎么当建筑师啊？

那个时候很有意思，都在搞三线建设，所谓"山散隐"，工厂进山沟，分散布局，隐蔽起来，不能让人看见工厂冒烟。我记得生产所姓孙的主任，给我布置生产任务时说，听说你在学校是研究园林的，我们现在搞三线建设，你去把这个厂的烟囱跟山地地形结合起来，做一个放倒烟囱的设计吧。所以，我接受的第一个项目就是放倒烟囱，挺有意思，我想我们这个主任还真会用人。

采访者：三线建设大的形势，您能给我们讲讲吗？

张锦秋：1965年中苏关系决裂之后，国家面临着全面备战的局面，提出把重要的军工和科研工业搬迁或新建到大后方，进山区或用山洞隐蔽起来，这是当时国家的一个战略决策。三线就是我们国

1966年儿子出生睡在木箱上

1967年与两岁的儿子

家的大后方，就是要在后方建设我们的国防工业和其他工业，建设科研基地。西安在西部地区，位置比较适中，从西安辐射出去很多三线基地，如陕南、宝鸡、汉中、秦岭等，在全国还有很多这样的三线基地。三线建设属于保密工程，可以做涉密工程的，说明政治条件比较好，组织信任。

采访者：也是一种荣耀。

张锦秋：是的。政治条件不好，是不能做涉密工程的。我来西北院的第一个任务就是放倒烟囱。

采访者：您初来西安，有什么样的印象？当时西安的条件并不好，应该说还是很艰苦的。

张锦秋：初来西安，我必须面对一个很现实的问题，就是我是带着身孕来报到的。我是1965年参加"社教"结束返校暑假期间结的婚。没想到，1965年我们却没有马上毕业分配，为什么呢？因为过去"反右"的时候，清华大学的研究生基本全军覆没，大都被打

20世纪家里有了屋顶花园

成右派了，所以学校认为研究生政治最薄弱、最容易犯政治错误。当时我们的论文都写好了，学校根据当时形势，要求大家在社会主义教育运动锻炼之后，重新审查一下论文，检查其中有没有犯原则性、方向性的政治错误。这样就让我们留一段时间，从1965年暑假待到1966年春天才毕业分配。

所以来西安，关心的第一件事——其他还没有来得及想，就是单位能不能给我落实一间房子：我要生孩子了。就此而言，还真得感谢当年西北院对我的关照，无论生活还是工作，都对我照顾有加，给我在住宅单元里安排了一间约七八平方米的房间。记得那时候单位食堂比较简陋，下班了，想到外面买点吃的，到街面上一看，就连城里的北大街商店都关着门。后来我就改成中午下班时间去买，到了商店，也没有什么东西，只有带壳的核桃——这是陕西的特产，一家家食品店除了核桃还是核桃。这个跟北京就有很大的差距了。

当然也还有很好的印象：西安的城市绿化特别好。人行道上行道树、绿篱绿绿的。在市中心的钟楼那儿还有一家花店，里面有大

1957年暑假参观小雁塔

盆大盆的金橘，一盆盆缀满金橘。当时我就想，等我生完孩子、有了自己的家，一定要买几盆金橘摆上。我觉得西安的绿化比北京的好——那时候北京的绿化比现在差多了！

其实，我对西安这个城市并不陌生，因为我哥哥在西安交大当教师，我在1957年暑假就来这里玩过，逛西安城，看大雁塔、小雁塔，上华山，大概都有些印象。当初只是来玩儿，没有想到自己以后会来这儿工作、生活，更没有想到这一待就是几十年、一辈子。也正因为我哥哥、嫂嫂在西安，他们对我关照有加，我才能解决很多现实生活问题。

采访者：我觉得您肯定非常不容易，一个人在西安这样生活，然后还能这么踏实待下来。紧接着"文化大革命"就开始了，您是不是也受到了影响？

张锦秋：我是1966年5月下旬生的孩子，就是《五一六通知》发出之后，这时"文化大革命"就开始了。当时我很积极，本来休假时间可以长一点，但孩子刚一满月，我就上班了，生怕在伟大的运

1968年摄于上海

动中落后。批"走资派"，批"反动学术权威"，我都很认真地读报，关注事情的进展。因为我刚来西北院，哪个领导怎么样，哪个总工怎么样，我不知道，只能根据大家贴的大字报了解谁谁谁有历史问题，谁谁谁是反动权威。我那时候造反还挺起劲，孩子很小就送到托儿所，天天读报，了解最新指示，很紧张啊！

　　不料，就在这时后院起火了：我远在上海的父亲被划为"反动学术权威"，家也被抄了！抗战胜利以后，我父亲是江苏省公路局局长，他与国民政府时期的交通部局长赵祖康有些交情，他们是同学，我父亲是学弟，1948 年赵祖康到上海工作，就把我父亲调到了上海城建局。解放后，他们都是统战对象。我父亲是上海市政协委员，当然赵祖康的地位更高了——上海市副市长，后来在打倒"四人帮"以后还出任过上海市市长。因为这种关系，也因为之前的历史，加上技术人员出身，我父亲就成了上海城建口的"反动学术权威"，家也被抄了。之前我父亲患了癌症，享受高干待遇，在上海华东医院做了手术，正在医院养病，"文革"爆发，红卫兵就轮番来抄家了，家具被搬走了，东西被拿走了，家就不成个样子了！父亲无法在高干医院养病，只有住回家里，定期到医院去领药。原来老两口在上海有一个保姆，多年在家帮忙，这时候城建局的造反派说不许用保姆，就辞退了。这样，只好我哥哥、嫂子，我和老韩，四个人轮流请假到上海去护理我父亲。

我去护理的时候，就到城建局反映情况，说子女都在外地工作，家里也没人，老人手术后需要人照顾，能不能允许我们请保姆？就因为这个事情，上海建设局造反派就和西北院联系说张锦秋是孝子贤孙，为他的父亲、为"反动学术权威"翻案。我在单位本来还挺革命的，也是造反派，结果一不小心就成了孝子贤孙！我们院的革命群众来找我，我那个7平方米左右的家也就被抄了，我带着儿子，很狼狈呀！好在很快军代表就来了，一切都恢复正常。军代表政治水平还是很高的，是南京军事学院的教官，组织生产有序，该下工地的下工地，该干什么干什么。就这样，我在政治上成为了逍遥派——因为是"孝子贤孙"，自然也不能参加大批判什么的了，时间就空出来了！那时候，夏天经常出去游泳，出去玩儿，那段时间，我还干了一件事，就是把陕西的《关中胜迹图志》（这是一本关于陕西名胜古迹的图书，深深吸引了我）认认真真看了一遍，做了不少笔记。当时就是想了解了解陕西的历史。没逍遥多久，我们设计院都下放到西安附近庄里山沟的三线工地。我们女同志是油漆工。钢屋架的厂房，油漆工都要上去刷油漆，我们就爬上屋架，照干不误，跟工地上的工人一样。男同志是混凝土工，搅拌混凝土，推混凝土车，非常辛苦！

采访者：三线建设应该是您那几年比较复杂的一段经历，您能

20世纪70年代第一春盼望早日团聚

给我们介绍一下吗？

张锦秋：下放劳动也没有多久，就通知我们回来做三线建设的设计工作，这一次是到河南去搞现场设计。地方就在毛主席愚公移山故事提到的王屋山、太行山旁边，是一个很大的军工制造厂，属于五机部系统，生产的都是常规武器。我们开进去几拨人，进了山沟，就分散到各个厂子里面，这个沟那个沟的，有好几个分部。我在二分部，是现场设计组组长。

站在今天，或从历史的角度批判，有人称三线建设为羊拉屎，认为工厂本来应该是集中建设的，但当时的车间却分散在山上和山沟里，不实用，所以改革开放后很多厂子就迁出来了，但也有一些做得好的，如十堰二汽，人家也是三线厂，但发展得很好。

我们当年参加三线建设的经历，可以说工程意义和价值已不是主要的东西，对于个人来说，更多的是见世面。过去我们老在电影戏剧里面看到说"逢山开路、遇水架桥"如何如何的，这一次，我们是真正感受到了部队工程兵的气概！据说我们去的太行山沟里面，过去日本人打到河南都没敢进来，怕进来出不去。那里的老百姓都没看见过汽车，没看见过卡车。当工程兵司令员坐着卡车来到山沟里踩点选址的时候，老百姓看到汽车还以为来了什么大怪物呢。我们就到这些穷山恶水的地方搞建设，没有多久，大桥就架起来了，山路也通了。逢山开路、遇水架桥，真使我们这些"臭老九"大开眼界！

我们的生活也很艰苦，住在农民家里，跟解放军一起吃食堂，工地没有木材就进山砍运。在太行山里，沿陡峭狭窄的羊肠小道上山。到山顶时，看见已经有人把木头处理好了，从树桩子到树梢，枝枝杈杈都劈掉了。男男女女排队过去，一人扛一根木头下山。很紧张的，要掂量木头的平衡，拐弯不要碰到旁边的树，脚底下还要防滑，真正是咬着牙关坚持下来。

我在二分部，是设计组组长。有时候分部之间要进行沟通交流，会讨论到很晚。各分部都是分散在各个山沟里，回来从一个分部到我们二分部要摸黑走好几里路。当时倒没有强盗、流氓之类可担心，主要是怕狼。山区里面到处都有狼出没。别的分部的同志提出要送我回去，我不愿麻烦人家，也不甘示弱，就拒绝让他们送。自己一路走回来，就带了个手电筒！当时防狼也没有别的办法，据说狼是怕光、怕灯的，碰见了拿手电晃一晃，就可以赶走！这样提心吊胆摸黑走山路的经历多了，胆子自然也大了很多！

我们在那里设计车间、医院、住宅，另外还有干厕所，就是没有自来水的厕所。我们的设计就是要在没有水冲的条件下让厕所文明、方便一点。如宿舍是三四层楼，干厕所也要做到楼上，尽量让它不散发臭味，等等。我们当时挖空心思做了很多这样的设计。但是，我们设计的医院标准不低，还很现代化。

所有这些经历，在这个山沟里面的一切，在锻炼意志和心理的同时，也增长了见识和能力。对于我个人来说，这都是不错的经历。

采访者：您总是有这种乐观主义的情怀，大概就是那个时代所谓的革命乐观主义了！您什么时候离开三线建设工地参加援外工程，具体做了些什么工作？

张锦秋：1971年9月发生林彪叛逃事件，我们听报告传达都吓了一跳。之后，很快就把我们召回设计院，改成做援外工程。国家经历了剧烈的动荡，我们这一代人的经历，都是随着时代的波涛起伏变化的。调回来搞援外工程，我们也很高兴，为什么呢？援外工程像喀麦隆文化宫，那是大型的公用建筑，非常讲究建筑艺术，而在"文革"当中，建筑是不能讲艺术的——这下子我们终于学有所用了！我参加了文化宫方案设计阶段的工作。另外也有别人设计的尼泊尔的无轨电车厂等，当时西北院承担的项目不少。

采访者：援外工程可能是您这一段丰富的社会生活的一个小插曲，但却衔接了您之前接受的建筑历史教育和您之后一直从事的建筑设计，在您的建筑设计生涯上具有独特的，也是令人难忘的地位。

张锦秋：是的。这一阶段的生活是非常丰富的。文化宫工程设计进行中，1974年院领导通知我带领知青上山下乡。当时很多知青已经开始下去了，有些地方仅靠农村干部可能还不知道如何安排。政府觉得需要城里的干部统一带队。西北院党委书记找我谈话，说你表现不错，人家指定咱们要派个女干部，西北院也就你最合适，你就下去带队吧，这也是对你的一个锻炼！所以我又当了一年带队干部，就在陕西的三原县西阳公社农场。那是一个盐碱滩上办的知

青农场。知青生活很辛苦，他们不是插队到村子里面，而是过集体生活，男同学住在窑洞式的宿舍里面，女同学住在临时搭建的房子里。我也跟女同学一样，住在宿舍里，跟他们同吃同住同劳动。一早五点以后下地，中午回来吃饭，饭后稍稍休息，之后接着下地，直到太阳落山回来。我们那个知青点，能唱会跳的很多，经常组织一些活动，我还给他们组织成立了文工团，常到县上参加演出。

在农场我还给知青办了一件事，就是办了一个小图书馆。那个时候知青们都很迷茫，虽然表态说要扎根农村，但其实能看出来他们心里并不踏实，因为他们都是西安城里长大的孩子，很难真正习惯农村的生活。那时上海已经开始让知青学习文化课了，还出了一套知青的语文、数学、几何学习丛书，非常好，很实用。我就组织他们复习功课。

我回西安，自己拿钱采购了大量适合知青的图书。老韩在市建委工作，利用这么一点便利，请他用小汽车把这些资料送到了西阳公社农场。我动员知青说，你们业余时间不要荒废了，除了参加文工团排演节目，晚上还是要到图书馆学习一点文化。但是他们心都野了，沉不心来学习，虽然有些人也看了一些书。我很喜欢这些年轻人，之中不乏聪明能干的好苗苗，可惜他们最后没有一个上大学。值得欣慰的是，他们之中还拼搏出了西安有名的企业家。

回想起来，这么一段经历还是很有意思的。这些经历对一个建筑师来说究竟意味着什么，我很难说，但有一点，它至少让我了解了陕西农村，了解了窑洞和窑洞生活，了解了陕西农民的生活习惯和生活方式，等等。总之，这是一段不平静的岁月。

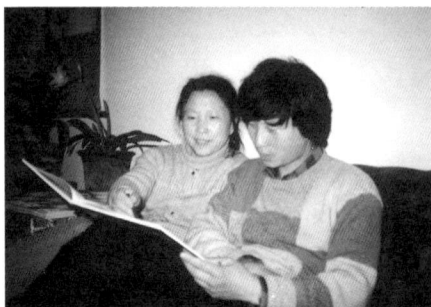

难得有机会辅导儿子学习

采访者：这样的岁月，充满了未知数，个人命运就随形势的变化而变动，哪一个方向都不是你自己很容易就能确定的。

张锦秋：真的。至少都不是以你个人意志为转移的。

采访者：您从知青点回来后还接着做援外工程吗？

张锦秋：我没有再做了。西北院的援外工程还在继续。喀麦隆文化宫工程很大，设计完了，设计组还到现场指导施工，据负责喀麦隆文化宫结构设计的女结构老总徐永基讲——她是 20 世纪 50 年代的全国劳模，周总理亲自接见过她，喀麦隆施工现场连女厕所都没有，生活很不方便。所以说，我们这一代知识分子，是经过了种种磨炼、克服了重重困难走过来的。

新唐风乍现

采访者：华清池大门是您来西安设计的第一件作品，也是您头一次设计唐代风格的建筑，以此发端，您独树一帜的"新唐风"建筑，也开始了在西安这个舞台上的精彩表演。今天，您能给我们回顾一下当时设计的情况，并在新唐风建筑的谱系中对它作一个总结吗？

张锦秋：这确实是我第一次设计唐代风格的建筑，也是我在西安的第一件作品。但回顾当时的情景，无论设计的开始还是结束，既没有精彩的华章，也没有戏剧性突变，所有的事情就是在平常工作和生活之中顺理成章地进行。

还得回到我带领知青下农村的经历。有一天，我骑自行车从村公所回农场的时候被卡车撞了，膝盖受伤，所以就回西安休息了两个月。

就在我临回农场前一个多星期，西北院接到了一个特殊任务。原来在"文化大革命"后期，西安旅游城市的名声开始吸引了不少国际友人前来参观，西安旅游势头不断上升。当时的军管革命委员会主任就给西北院领导下命令说，华清池是旅游热点，现在连个像样的大门都没有，请赶紧设计一下华清池大门。

我们原来的副总建筑师洪青[1]，是留法回来的。西安很多有名的建筑，包括人民大厦、人民剧院，还有华清池九龙汤，都是他主持设计的。但是"文化大革命"期间，他成了"反动学术权威"，当时还没有完全解放，不能正常工作。所以我们院长就找我谈话说，张锦秋，你在学校里面研究过古建筑，你就做一下华清池大门的设计吧。我说我不干，我们洪总受批判，到现在还没了，以后又来批

1　洪青（1913~1979年）：毕业于法国巴黎国立高等美术专门学校建筑科、法国巴黎高等美术装饰学校建筑科。曾任上海新华美术专科学校图画系教授、西北建筑设计公司设计室副主任、西北建筑设计院副总工程师，参加毛主席纪念堂设计方案室内外设计。

判我，我可不干。我们院长说，没问题，这是革委会主任布置的任务，发展旅游也是革命的需要，你做，以后有人批判就批判我，你尽管做。

这样，我就在病休期间，用一个星期的时间做出了华清池大门的设计。设计完、交出图纸之后，我又回农场去了。

华清池里是近现代各时期建的传统建筑。华清池以唐代故事而知名，做这个大门，我想总不能设计成一个普普通通的公园大门吧，还是要用形象反映华清池的历史。在学校也没有真正学过唐代建筑，不知它是怎样的，我就赶紧找资料。还记得当时看过傅熹年先生的一篇文章提到过唐代建筑，赶紧找来学习，匆忙中凭着很浅薄的一点认识，设计了华清池大门，基本上是唐代风格，建成后很受好评。看来，它跟西安原有的明清风格的古建筑还是有点不一样，大家还挺喜欢这种风格。

总结这个事情，我觉得其成功还是和我在学校接受的建筑思想教育分不开，就是建筑的风格形式要跟它的功能和历史文化背景统一，不能是两张皮。西方现代派建筑也在强调形式追随功能。建筑是做什么用的，应该很明确，而不是形式决定功能。我到现在还是认为，建筑的形式不是天上掉下来的，首先要弄清是什么功能、什么性质、什么文化背景，你才能考虑形式。就是因为有这样的思想，所以我理所当然就觉得华清池的大门，应是一个唐风建筑。这样一种很直白简单的思想指导我完成了这项设计任务。

采访者：同您后来的大手笔相比，阿倍仲麻吕纪念碑只是一件小制作，但它的杰出和完美却让人对您刮目相看。有人认为，您在

20世纪80年代在家加班

华清池大门设计中建立了唐文化概念，从阿倍仲麻吕纪念碑设计开始确立了新唐风建筑的风格。您是否认可这样一种说法？

张锦秋：这样的说法多多少少有些事后的描述吧。其实，我也就是在整个国家形势发生变化的情况下，接受了又一项有意思的设计任务而已。

那是"文革"刚刚结束之时，也就是1978年中日友好条约签订之年，当时中日关系正处于蜜月时期。我们在西安都可以感受到，不少日本人来这里旅游，日本官员跟西安建立友好城市的也很多。由奈良市提出，日中双方协议决定在日本奈良和中国西安各建一座阿倍仲麻吕纪念性建筑。市外办直接把这项任务下达给我了。

阿倍仲麻吕在长安数十年，其足迹遍及长安宫廷、街坊和名胜，因此，如何为纪念碑选址就成了第一个问题。我们在大明宫、大慈恩寺和兴庆宫三个唐代古迹遗址中进行了比较，最后选择了兴庆宫旧址。据历史记载，阿倍仲麻吕主要活动在唐玄宗时期，深得玄宗器重。兴庆宫是玄宗理政、起居的主要宫廷，也是阿倍仲麻吕活动的重要场所；最主要的是，兴庆宫旧址现已建成一座环境优美、

陕西省图书馆

陕西省美术馆内景

具有浓厚民族色彩的文化休息公园，在此建纪念性建筑，在丰富公园景观的同时也便于参观浏览及管理。

具体位置确定在兴庆公园长庆轩、曲桥湖之南，公园干道南侧的草坪上。为了突出建筑的纪念性，我在设计中对南面原有的土坡做了必要的改造，使山形略呈环抱之势，建筑的基地标高也比四周的草坪提高了50厘米。作为背景的土山上遍植松柏，四周栽培象征中日友好的樱花及海棠等，整个环境笼罩在亲切明朗的氛围之中。

纪念性建筑的形式是由它所纪念的内容和所处的建筑环境确定的。经过多方案比较，最后采取的方案是一个纪念柱式的石造建筑，采用我国传统的碑顶、碑身、碑座三段划分，造型脱胎于我国建筑史上有名的南北朝义慈惠柱和唐代石灯幢。这种形式的纪念性建筑多见于阿倍仲麻吕所处时代前后。在塔、幢、柱、表、牌坊等多种传统的纪念建筑中，这种纪念柱造型简洁、挺拔又独具特色。而石灯幢在唐代传至日本后，已成为日本人民喜闻乐见的建筑形式。因此借鉴这种形式，推陈出新，作为中国人民友好使者的纪念碑有其特殊的意义。在柱身上，我设计镌刻上阿倍仲麻吕的《望乡》

诗和李白的《哭晁卿》诗，更突出了纪念的感情色彩。这是小型纪念性建筑设计上的一次古为今用、推陈出新的尝试。

采访者：我们注意到，您在 1983 年发表于《建筑学报》第 5 期上的《江山胜迹在溯源意自长——青龙寺仿唐建筑设计札记》一文中，明确提出了"建筑形式着意仿唐，力求法式严谨"的设计纲要，做青龙寺的设计时，您已经对唐风有了比较明确的概念。

张锦秋：做青龙寺空海纪念碑院的设计时，我是一个什么心态呢？要说唐风建筑，那时我们才开始真正地、仔细地搜集资料，学习、研究唐代建筑，所以我提出了"建筑形式着意仿唐，要唐风纯正、法式严谨"。我觉得西安今后还会有很多项目与唐代历史文化有关系。那么，唐代建筑到底是什么样的呢？学校里没有专门学过，我就需要认认真真从头学起。

做青龙寺的设计前，我还特意到敦煌去考察了一次，利用去兰州开会的机会，一个人去的。我在早年写过的一组散文《访古拾零》中谈到过这次经历："我本是为搜集唐代建筑资料而来的，但在这些洞窟里我首先感受到的是中华民族历史文化的脉搏。这些冰冷的洞窟、凝固的佛像、斑驳的壁画散发着如此震撼人心的艺术之光，表达着如此强烈的民族情感、笼罩着如此虔诚的精神信仰。""几乎所有的佛像、经变、传统神话无不处于一定的建筑环境之中。由此我不禁自豪起来：无论古今、无论人神都离不开建筑，它作为人们的活动环境无处不在。建筑师的工作因此而意义重大、丰富多彩。"这一次的感受是很震撼的。后来成立了青龙寺设计组，我们一起考察了扬州梁思成先生设计的鉴真纪念堂，以及五台山的唐代建筑佛光

2001年在山西五台山

2001年重上五台山拜读佛光寺大殿

寺、南禅寺等。

　　空海是日本的文化巨人，他不仅创立了真言宗，还创建了日本文字片假名，开创了日本平民教育。是他故乡四国地区的百姓提出在他得道的青龙寺建立空海纪念碑的。碑体由日本著名的建筑师山本忠司负责设计。西安市外办把选址、规划及碑院的设计任务都交给了我。我决定在这里采用唐代建筑的典型布局形式，把七开间的纪念馆（接待厅）作为重点，与东西两座三开间的门房以曲廊相连，与纪念碑呈环抱之势，加强与主题的呼应，同时也满足东西两侧开门的总图要求。建筑外形，除了采用唐代建筑一些有特色的做法（如鸱尾、直棂窗、地栿和串木、梭柱、柱身侧角和生起等）以外，在设计中还着意把握唐代建筑斗栱雄大、出檐深远、曲线舒展的基本特征。设计的主要依据，有我国现存唐代木结构建筑山西五台山佛光寺、南禅寺两座大殿，还有梁思成先生以日本唐招提寺金堂为蓝本设计的扬州鉴真纪念堂、西安大雁塔门楣石刻以及敦煌壁画上的唐代建筑。在进行施工图设计时，我们选择了规模相当的南禅寺大殿为蓝本，以其材契关系为依据，推算出各种构件的规格比例，从而

佛光寺钢笔速写

使这组建筑统一协调、唐风纯正。这是西安第一组仿唐建筑，满足了中日文化交流活动的需要，体现了保持古都历史风貌的意图，装点了千年古塬乐游塬。山本忠司来参加落成典礼时激动地题写了"高艺术，深友情"。我们从此成了多年保持往来的忘年交。

采访者： 在做青龙寺设计之后，您去国外参观考察的次数相对多了一些。在参观了众多国外建筑以后，您对新唐风的理解是不是也更为深入？

张锦秋： 后来我多次到日本去。因为梁先生给我们讲过，日本的建筑，如唐招提寺就是我们的空海大师领着工匠去建的，还有很多建筑明显受隋唐文化的影响，所以我每有机会去日本，都要去这些地方反复考察，了解唐代建筑的特点与和风古建筑之异同。

青龙寺空海碑院是我设计的第一个正正规规的仿唐建筑，文物部门也要求木结构，不用钉子，要一个个木构件搭起来。我自己首先要把唐代建筑搞清楚，还带了两个年轻徒弟。通过青龙寺空海纪念馆，我们把唐代建筑揉了一遍，从参观考察到寻找文字资料，画

1985年在日本船桥市做三唐设计
国庆挂国旗

1985年在奈良拜读唐招提寺

出全套施工图，包括每个构件、每个节点的构造详图，还现场指导工人搭起来。

通过这个项目，我认为当今这种纯木造建筑不能多做，特别在北方材料和保护都会遇到很多困难。现代建筑都这样做的话，抗震规范、结构计算就有很多问题。我在第一个项目中这样做，是探索究竟，以后要尽量简化，特别要让结构现代化。我们提倡传统与现代相结合，对于一些项目采用唐风，是表现一种文化，而不是要套用唐的模式，所以以后我都不搞仿唐。但人家都说张锦秋是仿唐，如果对认识的熟人，我就跟他们解释，我说不是仿唐，只有第一个青龙寺是仿唐。

采访者：这一点，估计会让很多人感到有些意外：新唐风的引领者并不着意强调仿唐。

张锦秋：可能会让有些人觉得意外。我觉得就跟画家和雕塑家进行创作一样，要创新需要首先了解人体。现在有一些画家，对人体结构没有基本的概念，结果画出来的人，线条很流畅，形体却很

1985年在日本考查　　　　1985年率团赴日考察博物馆

丑。雕塑也有这种情况。通过青龙寺工程，我把唐代建筑的要领吃透了，在这个基础上去发挥，去与现代结合，我心里就有底了。徐悲鸿先生在人体绘画有很深的基本功，所以无论国画还是油画，画出来的人都符合人体的规律。我觉得建筑也是一样的，一开始要扎扎实实学，打好基本功。所以后来我跟年轻建筑师说，你们先要扎扎实实学，然后后面怎么变、怎么创新，才有基础。我不主张没有基础的人无凭无据做一个东西出来就说，我是创新。你是怎么创新的，你的创新点在哪儿？还有人说，外国人搞中国建筑的传统现代化最好，因为他脑子里没有传统建筑的框框，就是大概一个印象，所以他们就能够创新。我觉得这个说法很滑稽。是不是也应该请西洋画家来做国画的创新？

采访者：谈到创新和传统的关系而言，很容易就让人想到西方现代哲学的开创者尼采。尼采的现代哲学体系，是在反古典、反基督教的基础上诞生的，但他对古典哲学和基督教的理解不是一般的深入，所以他的每一次反，都可以反到相应的要害点上。

1983年到中建曼谷经理部工作，第一次走出国门

张锦秋：当然了。他对古典的东西很了解，他知道他的优点，他也知道他的软肋在哪儿。最近我在上海浦东干部学院讲课的时候，有一位听课的领导干部向我提问：中国木结构建筑这么优秀，现在有很多传统风格建筑都不用木材了，好像有些离谱走样了，没有中国味道了，你对这个问题怎么看？我就说，中国传统木结构建筑很好，我们应该尽心地保护传承，但是你现在要在国内推广，它有最致命的弱点，就是它不是永久性材料。木材不是永久性的，有白蚁蛀蚀啦，有自然腐烂啦，干燥开裂啦，还担心有火灾，等等。外国石材的文物古迹留存很多，我们中国的木结构留存很少。现代建设与文物遗产保护不能混同。我们在建设中要继承发扬的是优秀的传统建筑文化，但建筑的功能、科学技术手段甚至某些审美意识都应因时、因地、因题而有所发展创新。

采访者：有一个问题，我们很好奇，"新唐风"最早是谁提出来的？

张锦秋：最早是吴良镛先生提的，是在给《从传统走向未来》

在全国佛协向赵朴初汇报法门寺二期方案

所写的序言里面，后来建筑界怎么沿用起来，我还真不清楚。

泛称我的作品为"新唐风"，我并不同意。我做的建筑也不都是唐风啊，钟鼓楼广场不是，黄帝陵不是，群贤庄也不是，怎么大家说我做的都是新唐风呢？后来我这样理解：因为我做的项目设计都是根据题材、位置，以及文化背景和地理环境等构思完成的。而在西安，我做的很多项目都与华清宫、青龙寺、大雁塔、小雁塔等唐代历史遗产有关，为数不少，所以大家泛称其为"新唐风"。这是一个方面。

青龙寺项目以后，我一直强调传统与现代结合要作多种探索，我也做了很多其他的项目。那为什么都被人称为新唐风呢？我理解，这是对我设计的一种宏观概括。其他像钟鼓楼、黄帝陵、群贤庄住宅等，人家都觉得看起来挺有历史文化的韵味，因此也都称之为新唐风。所以我觉得新唐风起先是针对有唐风的建筑，后来实际上就扩大到我做的所有跟历史文化有关系的建筑。无论如何，我自己没有自称"新唐风"。

第 4 章

传统
vs.
现代

从传统走来

采访者：从在清华大学读书、在建筑历史与理论教研组读研究生起，您就算和中国传统建筑结下了缘。那些优美的中国建筑与园林画面，梁莫二公的言传身教，是否也在引导您的兴趣的同时，影响了您对中国建筑传统的想法？

张锦秋："建筑是百姓生存的基本空间。""建筑是石头的书。""建筑是凝固的音乐。"这三句经典的话充分表述了建筑的功能性、历史性和艺术性。自古以来建筑都反映着不同时代、不同地域的物质文明和精神文明，是文化的形象体现。我国建筑文化具有悠久的民族传统，遗产极为丰富。它既是延续了三千余年的一种传统工程技术，同时又是一个卓有成就、极富特色的环境空间艺术体系，是我们中国灿烂的传统文化的一个重要组成部分。当初选择建筑，其中就意味着选择中国传统建筑。

对于建筑师而言，提及传统，必然是站在今天的角度上来看的，也就必然要求有古为今用的态度。早在 20 世纪 30 年代，梁思成先生就站在历史的高度，高瞻远瞩地审视了中国建筑在世界建筑发展潮流中的地位和去向，不仅把建筑作为工程技术，还把它摆在文化的层面上来观察分析，强调了保持中国特色的必要性。而要保持中国特色，就必须吃透传统，理解建筑传统在现代乃至未来的地位与作用。虽然后来不同时期的不同人，对于中国的建筑传统有不同的判断和看法，但是梁先生等具有深厚传统文化底蕴的建筑师们对传统的感情和看法，必然对我影响深远。

中国工程院首批女院士（1995年）

采访者：比较明确地可以看到，您早年的学习和思考—— 当然可能更多的是实践的总结，更多体现的是对传统的关注，那时候您更多的是在对传统进行分析，对传统进行学习。

张锦秋：在建筑传统面前，我就是一个学生，一个永恒的学生。1961年跟随莫公考察，在江南园林盘桓一月，感触颇多，受益匪浅，形成《廊与空间》一文，当时就是要从廊的角度入手，分析苏州园林建筑空间构图手法；和郭黛姮合写的《苏州留园建筑空间》，是表达我从建筑设计的角度分析留园的空间构成及手法；《颐和园风景点分析之一——龙王庙》一文，主要探讨整个园林从"成景"、"得景"出发规划风景点，严整灵活地组合不同功能的建筑群组，充分利用道路造景以及"借景"等一系列的经验。在探讨颐和园后山西区的园林原状及造景经验时，主要的目的是还原颐和园后山西区风貌，探讨其造景技巧，从历史文物研究和造园经验分析两方面，为古园今用作一些基础的工作，但主要还是学习。

采访者：因缘际会，当您以"新唐风"（虽然您自己一直没有如此标榜）引起建筑界瞩目之时，有意无意，传统与现代的二元话语结构也再度激活。在您以创作诠释传统与现代结合之时，您对中国建筑传统是不是更有信心了？

张锦秋：从1954年入学学建筑专业至今，由于个人的学历和社会的需要，我一直走在传统与现代相结合的创作之路上。

从20世纪70年代接手临潼骊山之麓的华清池大门和唐兴庆宫公园内的阿倍仲麻吕纪念碑开始，我自然而然地走近唐代建筑。一些较大的现代化公共建筑，如陕西历史博物馆，由于设计任务书明确要求"建筑应成为陕西悠久历史和灿烂文化的象征"，于是我开始自觉地去琢磨盛唐风格与现代建筑相结合，建成后深受当地民众欢迎，在建筑界被誉为"新唐风"，还得了多项设计奖，作为青年建筑师的我深受鼓舞，从此更明确了坚持传统与现代相结合的创作方向。我追求的是通过一些作品探索传统与现代结合的可能性，在创作实践中加深对传统的理解和鉴别。

在中国现代化进程中，为了学习传统、继承发扬，使之用于现代，从20世纪初始，几代建筑师一直在奋斗不止。在创作多元化的今天，我认为也应该有更多的中国建筑师为此而探索。

目前我国正经历着史无前例的现代化、城镇化的进程，建筑建设量之大居于世界首位。在民族振兴的大潮中，建筑文化的发展繁荣是实现"文化强国"战略目标的重要组成部分。要繁荣和发展中国建筑文化，必须传承和弘扬我国各族人民长期在中华大地上创造而成的中国建筑文化的优良传统，吸取世界上优秀建筑文化成果，兼容并蓄；增强对中国建筑文化的自尊、自信，发挥主体性、原创性，与时俱进，实现中国建筑文化的自强不息。

不一样的传统

采访者：正如您指出的，对传统与现代的探索早在梁思成先生那一辈建筑师就开始了，而且这种探索在不同时代有不同的成就和表现，您能简单介绍一下这个探索的过程吗？

张锦秋：在中国现代化的进程中，老一辈建筑师一直在努力学习传统，力图继承发扬使之用于现代。他们对在现代中国建筑创作中如何继承和发扬民族传统的问题进行了艰苦的探索，取得了宝贵的经验，推动了理论和实践的发展。如20世纪30年代，以梁思成先生和刘敦桢先生为首的建筑前辈成立营造学社研究中国古典建筑，建筑师吕彦直设计南京中山陵、广州中山纪念堂，是中国建筑师在现代建筑中继承发扬民族传统的早期探索。到今天，可以说这一探索始终处在由表及里、由浅入深、由偏入全的认识过程之中。

采访者：是否也可以说，由于时代和发展阶段的不同，不同时代关注传统的角度是不一样的？

张锦秋：以往对传统研究的重点在于古典建筑表现出来的形式和风格，目前则是转向传统空间意识、美学意识等本质上的发觉，以及对规划设计进行实质性的探索研究。20世纪20年代概括我国古典建筑七大特点：以宫室为主题、左右对称的布局、三段式立面和曲线屋顶、精巧的装修、寓意丰富的纹样、强烈的色彩以及木结构和特有的斗栱。这些大都属于形式和风格的研究。

20世纪50年代梁思成先生的论述已涉及设计和空间的探索。他指出："工程结构和建筑丰富的美感有机地统一着，是我们祖国建筑的优良传统。""我觉得西方的建筑就好像西方的画一样，画面很完整，但是一览无遗，一看就完了，比较平淡。中国的建筑设计，和中国的画卷，特别是很长的手卷很相像：用一步步发展的手法，把你从开头领到一个最高峰，然后再慢慢地收尾，比较的有层次，而且趣味深长。"他还强调："我们必须先研究我国的建筑遗产，掌握了它的规律，熟识了它的许多特征，在创作中加以灵活运用。""不掌握规律，不精通，不熟悉，只能得到皮相，或生吞活剥地临时抄袭和硬搬，就难有成就。"

20世纪60年代由刘敦桢先生主编的《中国古代建筑史》对中国古代建筑的特点作了更为系统的概括，指出建筑的功能、结构和技术的统一是中国古典建筑的特点之一，又指出由单座建筑组成庭院，进而以庭院为单元组成有层次、有深度的空间系列。只有自外而内，从逐渐展开的空间变化中，方能了解它的全貌与高潮所在。指出传统的室内装饰始终是同房屋结构、家具、字画、陈设等作为一个整体来出题，在建筑色彩方面，宫殿、庙宇使用强烈原色，对色彩的对比和调和积累了不少经验，而大量民居则运用素色与自然环境相协调，形成秀丽淡雅的格调。

20世纪80年代，我国建筑工作者开始运用现代的建筑观点和理论来分析中国古典建筑设计问题，进一步认识到强调中轴线的思想来自很深的民族意念，建筑艺术内容的表达并不限于各种静止的形象，布局中程序的安排是中国古典建筑设计艺术的灵魂。比起那些斗栱和彩画来，中国古典建筑的群体构图和空间艺术的基本规律更具有强大的生命力，中国古典建筑考虑"人"在其中的感受，更重于"物"本身的自我表现。这种人文主义的创作方法有着我们民族深厚的文化渊源，中国园林建筑凝固了中国绘画和文学。它以意境为创作的核心，使园林建筑空间富有诗情画意。我国传统造园的立意、布局和手法已在国内外现代建筑创作中广为借鉴。

采访者：梁思成先生对传统和现代的论述也是这种探索过程的一个部分。

张锦秋：是的，我曾经认真研读过先生的著作，并写了读书笔记。在梁先生丰富的著述中，"传统与革新"这一命题占了相当的篇幅。他从历史学家的角度阐述了什么是传统，从传统的形成和发展进而说明在建筑的发展中继承传统的必要性和必然性；他阐明了建筑传统的民族性（行文中也涵盖了地区差别）、民族风格和民族形式问题，并指出，建筑的形象会引起人们情感上的反应；梁先生还着重论述了传统与革新的关系即是新与旧矛盾的统一，并反复强调这对矛盾中主要一面是革新。革新的目的是古为今用。革新的批判和取舍的标准是人民性；作为一个建筑家，他清晰地看到随着生产力的发展，社会意识和科学、技术都在不断演进，建筑美的法则也在起着相应的变化，而科学技术对建筑形式和风格也存在着不可否认的影响；早在 1935 年梁先生即在呼唤"反映时代的艺术"。

梁先生曾在美国攻读建筑，进行过深入的学习，并对欧洲建筑作了广泛的考察；回国后以现代的科学的方法研究建筑历史，曾带领营造学社的同仁们走了 15 省 200 余县，测绘、摄影、分析研究了建筑文物、城乡民居和传统的城市规划共计 2000 多个单位；又作为一位学贯中西的建筑学家和建筑史学家，他对中国建筑传统从宏观到微观都作了深刻的分析研究。

难能可贵的是，梁先生能以一位建筑师的眼光来审视中国建筑传统，从物质功能、工程技术、风俗习惯到审美情趣、文化底蕴都作了精到的、中肯的评价，从古为今用的角度力求科学地、求实地分辨出对中国建筑传统的扬弃。

他首先肯定的是中国建筑传统框架体系所体现的科学性。正是这种结构体系，使中国传统建筑具有了对不同地区和不同功能的广泛适应性；他指出中国传统建筑的法式所表现的设计定型化、构件标准化、构件预制、装配施工这些精神和原则今天仍是很有价值的；中国建筑传统上体现的工程和艺术有机统一的原则及其形成的建筑形象，特别是富有装饰性的屋顶，成为中国传统建筑的重要造型特征；符合中国人情趣的庭院式布局和手卷式空间部署，利用地形、因地制宜等从总体到局部的艺术规律和手法都是值得借鉴的优良传统。同时他指出了有规划的城市和山水画式的园林在传统中的重要地位。早在 20 世纪 50 年代梁先生就提请大家注意过去我们关注宫殿多，而对民间的建筑经验研究不够的问题。

与此同时，梁先生也透彻地指出了传统建筑的糟粕主要在其内容；传统木构建筑的致命弱点是其"非永久性"。他还锋利地指出了中国传统建筑自唐宋到明清由大而小、由雄壮而纤巧、由简到繁、由机能的而装饰的这一发展趋势，说明中国建筑所处的不佳境界，提示了革新的必要性。

采访者：不同时期的创新思想和方法创造了不同的传统面貌，也就是传统和现代结合的不同形式。作为新中国建筑史的见证人之一，您应该对此有着深刻的体会和感受。

张锦秋：新中国成立以来，在现代建筑创作中为了继承和弘扬民族传统而创造出具有中国特色的新建筑，曾经经历了曲折艰辛的道路。20 世纪 50 年代初提倡"社会主义内容、民族形式"，60 年代提倡"中而新"，70 年代提倡"民族风格，地方特色，时代精神"，80 年代从"形似与神似"之议到主张"弘扬建筑传统文化理念"，至 90 年代末"现代建筑地域化、地域建筑现代化"和近几年提倡的"本土化"基本达成共识。我的建筑生涯可以讲是经历了全过程，虚心听取各方教诲，坚定不移地走自己的路。但是有一个六十多年来始终存在而且无法回避的问题摆在我们面前，这就是对中国建筑传统文化的价值，对本民族建筑文化传统本体需要重新提高到理论上加以阐释，以解决传统建筑文化的自我认同问题。这方面我只能寄希望于建筑理论界。传统与现代的结合既是一个领域广阔的系统工程，也是一个需要几代人不懈努力才能完成的渐进的积累过程。我愿在这涌动的洪流中继续努力，扎实学习，从容创作，持之以恒地追求。

采访者：您能给我们描述一下您心目中的中国建筑传统吗？

张锦秋：我理解的中国传统建筑文化的精髓就在于以人为本、天人合一、和谐共生的思想。在美学上，讲究虚实相生、时空一体、情景交融；在营造上，始终追求建筑、规划、自然环境三位一体，达到和谐城市、山水城市的境界。中国历史上的城镇无不呈现着蕴含中国建筑文化特有的精神气质和艺术风格的和谐之美。

当代城市建设体现了科学主义思潮和人文主义思潮的融合。当代城市建筑艺术的最大特点是综合美。这种美具有多元性和多层次性，因而，其中最应关注的特性就是和谐。如何保证城市的和谐特性？这就有赖于和谐建筑。和谐建筑应该与城市和谐、与自然环境和谐，并进而促进人与人、人与城市、人与自然的和谐。

现代的多元化

采访者：根据您的创作实践和经验总结，您认为现代与传统的结合应该是怎样的？

张锦秋：我的建筑生涯大体可分为三个阶段。在清华大学十一年半是学习研究阶段，其间有幸参与了国庆工程中国革命历史博物馆从方案设计到施工图设计的全过程，《颐和园后山西区的园林原状及造景经验》为主要研究成果；在西北建筑设计院工作进入建筑创作阶段，西安大雁塔景区三唐工程、陕西历史博物馆和西安群贤庄小区等先后获国家优秀工程设计奖、建筑学会创作奖；后来，建筑创作的领域扩展到城市设计；西安钟鼓楼广场、陕西省图书馆和美术馆群体、大雁塔南广场等，大唐芙蓉园与曲江池遗址公园其实也是城市设计课题。

由于工程项目不同的性质和环境，建筑创作的探索呈多元化，大体可以分为三种类型：一是现代建筑创作的多元探索，二是在有特定历史环境保护要求的地段和有特殊文化要求的新建筑创作，三是古迹的复建与历史名胜的重建。这三类建筑设计的前提条件不同，设计的自身特点和发展态势也各不相同。正如不同的游戏有着不同的游戏规则一样，对它们的评价也有着相异的标准。这说明，即使在传统建筑的继承与发展方面，也应因地因题而异，并无定规。总括看来，我主张传统（民族的、地域的）与现代有机结合。在传统方面，侧重于环境、意境和尺度；在现代方面，则侧重于功能、材料和技术。

采访者：在 1986 年创作唐华宾馆、唐歌舞餐厅及唐艺术陈列馆（简称"三唐"工程）之时，您就把传统形式与现代功能的有机结合作为了设计构思的焦点。

张锦秋：是的。在经过科学的前期工作、深入理解环境条件之后，为了使几组建筑既符合现代化功能所要求的集中、紧凑、高效，同时又具有传统庭院式建筑的特色，在两者的结合上运用了一些具体的设计手法。在布局时考虑功能分区的需要，化整为零，与庭园结合，为传统造型处理提供有利的体型和空间。如运用中国园林建筑中自由布局、不对称中有对称、虚实对比、尺度对比、动态空间、借景等传统手法，使宾馆区成为一组尺度适宜的园林建筑。在建筑的外装修处理上突出重点，重点部位唐风浓郁，一般部位略

唐华宾馆内庭院

唐华宾馆雪景

1988年与前来参加唐华宾馆开幕活动的三井不动产株式会社社长
坪井东先生合影

加点染。室内装修传统适当淡化。如宾馆以旅客的方便舒适为第一位，建筑装修上稍稍淡化传统风格，主要通过陈设体现传统风味，而歌舞厅则具有较浓的唐风。这些做法都不是在刻意追求或者创造某种新旧协调的模式，而是结合文物古建周围的环境和需求，进行多方位、多元化的探索。从后来人们对这个建筑的反应来看，我觉得当时的这个探索还算是成功的。

采访者：陕西历史博物馆也应该是这种探索中的浓墨重彩的一笔，您能给我们讲讲其创作和设计思想吗？

张锦秋：建设陕西历史博物馆是周恩来总理的遗愿。这是一座国家级大型博物馆，是"十年浩劫"后我国兴建的第一座现代化大型博物馆。

设计在考虑当代新型博物馆的主要特点，除保护展示功能外，兼有文化交流、教育服务和科学研究的设施和作用时，追求建筑形式体现浓郁的民族传统、地方特色和鲜明的时代精神。不仅要反映出近年来国际建筑界对建筑风格、形式的重视以及对环境文脉的关

1990年在陕博工地

1990年在陕博工地　　　　1991年陕博落成之夜静心思考　　2011年在陕博"无字碑"前

切，而且要体现对我国建筑文化传统的深刻理解，建筑形象还要具有古都西安历史文化名城标志性建筑的气质和品格。在设计过程中着力传统的布局与现代功能相结合，传统的造型规律和现代设计方法相结合，传统的审美意识与现代的审美观念相结合。以此回应设计任务书上的要求："陕西历史博物馆建筑应成为陕西悠久历史和灿烂文化的象征。"

在确定了布局相对集中、与院落式相结合并具有中国传统宫殿特色的方案后，确定了"中轴对称、主从有序、中央殿堂、四隅崇楼"的章法，空间布局具有东方的哲理性。屋顶是中国传统建筑中最显著、最重要、最体现精神的部分。"中央殿堂"及南北两门在群体的中轴线上均采用庑殿顶。"四隅崇楼"用了攒尖顶。周围大小各屋顶像小山一样簇拥着中央的庑殿，形成"众山拱伏、主山始尊"的气势。此外，还抓住飞檐翼角这个极为神采飞扬的造型元素，在各个建筑的转角部分反复运用，使整组建筑加强了生气盎然的整体性。实践证明，一组庞大的建筑，纵使在宏观上气势恢宏，通过局部处理，环境仍然可以亲切宜人，这也是我国建筑的一个好传统。

陕西历史博物馆共有九个单体形象，如何达到多样统一？我们吸取传统建材分制度的精神，建立了一套模数关系，有效控制了各类建筑的比例尺度。古代的营造法式和则例已不适用于现代结构，但它的理性设计精神和思考方法在今天仍有实际意义。

陕西历史博物馆作为一座具有浓郁民族风格的现代建筑，其传统与现代的结合是多层次的。在建筑处理上有的"寓古于新"，有的"寓新于古"，有的"古今并存"。室内设计采用"寓古于新"的结合方，如序言大厅选用中灰色镜面花岗岩石墙、地面，本色铝合金悬挂式覆斗形组合体吊顶。又如陕西历史博物馆大门设计，采用不锈钢管与抛光铜球组合成空透金属大门，造型新颖又引起人们对传统铆钉大门的联想。这些"寓古于新"的做法收到新中含古、似古又新的效果。大屋顶下的椽条、支撑屋檐的斗栱不但造型简洁，而且在结构上都是预制受力构件，体现了唐代建筑与现代建筑共同追求的艺术、功能、结构高度统一的原则。这种现代建筑的逻辑由唐式建筑构件体现出来，是属于"寓新于古"的结合方式。还采用了现代化的建筑构配件和材料，例如许多不开窗的墙面采用了四五米高的大型预制板，可见"古今并存"亦非决然不可。

在长期的设计工作中，我主要是通过寻找结合点来促进自己的创作。陕西历史博物馆的设计是又一次尝试。我坚信，如果我们对中国建筑传统和现代需求理解越深，结合点的层次就越高，所创作的建筑就会越新颖、淳厚、雅俗共赏。

采访者：这种对传统的多元化理解，对传统和现代结合方式的灵活运用，应该也就是您每一个作品的特色和创新之所在。现代无

1987年向建设部部长汇报陕西历史博物馆方案

1988年在陕西历史博物馆工地

陕西历史博物馆鸟瞰

陕西历史博物馆内庭院

延安革命纪念馆内景

延安革命纪念馆透视

定制，传统也并非一成不变，对精神理念和形式关系的理解也需要灵活性，正如您在延安革命纪念馆中所展示的。

张锦秋：延安曾是中国工农红军两万五千里长征的落脚点，是十三年间中国共产党中央所在地，是抗日战争的政治指导中心，是中国共产党人集体智慧的结晶——毛泽东思想的诞生地，是延安精神的发源地，是新民主主义红色政权雏形的孵化地，是夺取全国胜利的出发点。因此，延安革命纪念馆是当代标志性的纪念性建筑，它应该具有标志性建筑独一无二、卓尔不群的品格，它应该浓缩延安精神的精华，传递着光荣的革命传统，标志着城市的灵魂和象征。

在纪念馆设计之前，我们对国内韶山、井冈山、北京、天津、沈阳等地的革命题材纪念馆进行了认真的学习考察，认识到同类纪念馆有明显的共性，大部分都对称、端庄、肃穆，同时它们又都因题因地的不同而具有鲜明的个性。二者的结合，使这些馆各展风采，给人留下深刻的印象。每一座纪念馆在探讨建筑设计中，都重视功能，科学合理地安排功能布局、流线和各项设施，而能否突出建筑的纪念性，则是方案成败、优劣的关键之所在。我们体会到，如此重大的纪念性建筑要突出其纪念性，必须建立起一个纪念性空间体系，统筹规划、建筑、内装、环艺各个要素，全方位地为突出主题而营造。为此，我们采用了利用山水格局烘托气势、继承发扬延安建筑文脉等多种手法。

黄土高原的窑洞建筑朴实无华而又无比坚毅。它对于延安早已超出了一般地方建筑形式的意义。革命战争时期，延安上自中共中央领导，下至各级干部、军民百姓都是以窑洞为家。到今天，枣园、杨家岭、王家坪革命旧址中的严冬与那些因山就势的窑洞民

居，都有了延安革命精神的象征意义。因此，"窑洞"的造型就理所当然地成为纪念馆建筑艺术的母题。在革命战争中，延安也曾出现少数新建的公共建筑，如杨家岭"七大"会堂、中央办公厅就是最突出的代表作。革命传统与中国古代民居建筑形式之间的内在张力，意味深长。设计中运用地方材料、简洁体型、竖长的条窗与洞窗和竖线条的立面处理，挺拔有力、别具一格。纪念馆室内外设计多处运用"窑洞"母题和"七大"会堂等建筑元素，引发了人们对革命历史的缅怀和无限遐想。

采访者：而黄帝陵则是利用更为抽象现代的形式演绎中国的传统精神，包括建筑和文化。

张锦秋：黄帝是中华民族的先祖。五千年前他通过征战、统一、融合，建立了中华民族的前身华夏族，他率领人们种五谷，制衣冠，养蚕桑，造舟车，创文字，制甲子，定律吕，行典章，开创了中国古代文明的辉煌篇章，是中华民族的"人文始祖"。

黄帝陵位于苍茫的渭北高原上。山上古柏葱茏，山下曲水缭绕，这就是独具山川形胜的桥山和沮水。据历史记载，从尧舜时代开始，各代均有对黄帝的祭祀活动，每逢盛世都有所修葺。2002年，我接受黄帝陵基金会的委托，主持轩辕庙区的修整和新建祭祀大院、主殿。其中中院与祭祀大院即黄帝陵轩辕庙祭祀大殿工程，占地3.64公顷，是一组大型国家级祭祀建筑。此项工程为适应新时期的祭祀要求而建设，设计特点可概括为"山水形胜、一脉相承、天圆地方、大象无形"。为了创造出雄伟、庄严、肃穆、古朴的氛围，突出炎黄子孙精神故乡的圣地感，规划设计从宏观上处理好与大环

黄帝陵现场向李瑞环主席汇报工程情况

黄帝陵祭祀大殿工地向各方领导介绍情况

1990年参加陕西团赴京向中央领导王震、习仲勋汇报黄帝陵规划方案

黄帝陵祭祀大殿

黄帝陵祭祀大殿近景

1994年参加黄陵祭祀大典

境山川形胜的关系，格局上有鲜明的民族文化特征，风格上与祖国建筑传统一脉相承又具有浓郁的新时代气息。

祭祀大殿是举行祭祀大典的主要场所，占地 10000 平方米，陈列各种仪仗并举行大型祭祀演出，可供 5000 人举行祭祀活动。大院均由花岗石板铺装而成，布置了 9 对 2 米多高的青铜牛鼎，为环境平添了厚重的历史感。结合基地南低北高的地形，将大殿地坪设计成高于中院与东西两侧林带地坪 4 米，视野开阔爽朗。东西两侧低地上的柏树林带北端随地势上升起坡，与北面隧道顶上种植的柏树林形成围合之势，并与凤凰岭上的柏林相衔接，构成了以四季常青的侧柏林为主题的绿化系统，整个新建院区融入黄陵苍翠的古柏林中。

祭祀大院北端，在总高 6 米的三层石台上坐落着轩辕殿。它是举行高规格祭祀活动的重要场所，是黄帝陵标志性建筑之一。这座40米见方的石造大殿，建筑风格古于汉风，多所提炼，造型简洁、古朴、宏伟。由36根圆形石柱围合成方形空间，其上为巨型覆斗屋顶，顶中央有直径14米的圆形天光。蓝天、白云、灿烂阳光直接映入殿内，四面青山透过列柱历历在望，整个空间显得恢弘神圣而通透明朗。大殿地面采用青红白黑黄物种彩色石材，按东南西北中五个方位铺砌，隐喻传统的"五色土"，以象征黄帝恩泽华夏大地。整个轩辕殿的空间构图，形象地反映出"天圆地方"的理念。殿内上位安置着7米高、重200吨的花岗石碑，上面铭刻着黄帝浮雕像；殿外檐下正中悬挂着"轩辕殿"隶书匾额。整座大院内贵宾室、医务室、大型公厕等辅助用房全部隐于台下，环境得以净化，凭借山川地貌与植被构成的大环境，体现出"大象无形"的境界。

轩辕殿造型朴拙、手法简练，符合现代审美情趣，体现了这座大殿的时代性，同时又具有高度的技术含量，富于工程现代感。大型预应力钢筋混凝土结构等现代技术手段保证实现了大跨度、大空间的建筑艺术效果。

石材的广泛运用是轩辕殿（院）修建的另一个特点。整个工程用石材8万余方，所有石材构件不加任何雕饰，而是通过表面处理的对比变化，直至重点部位自然石面的运用，以取得艺术效果。石材尺度和肌理的着意处理，使轩辕殿更加古朴、沉稳、大气磅礴。

黄帝陵祭祀大院和轩辕殿建成后，每年清明在此举行国家级大型公祭活动，重阳节举行地方上的民祭活动，多次举行全球华人的祭祖活动，实现了设计的初衷。

第 5 章

建筑设计
vs.
城市设计

盛世气象

采访者：不少媒体在评论您和西安的关系时采用"一个人与西安城"之类的标题，其中有意构筑城市、建筑与建筑师气质之间的对比关系。在日常生活中，您随和、谦虚——当然也有自信和大气的一面，但在城市，在建筑中，展现的却是完全不一样的状态。肖云儒老师就说过，蜀中女子本雅秀，但是在西安城里，您却展示出了大气与自信。不少人也就对您作为一个女性建筑师的身份和建筑的气质进行了比对。对此，您有什么样的看法？

张锦秋：建筑跟女性身份有关系吗？我认为我们的职业本身跟性别没有关系，建筑师的职业，就是要为社会服务，为业主服务，要表现什么，无论男女，都是要为具体工程而构思。你是不是认为我做的工程，就不像是一个女建筑师做的？最有意思的是工程院刚成立时，国务委员宋健当工程院院长，他来到会场，人家一个个向他介绍各位院士，到我这儿的时候，人家说这是西安的张锦秋。宋健跟我握手说：啊，张锦秋，我还以为是彪形大汉呢！——我看博物馆建筑那么气派，以为张锦秋是个彪形大汉呢！

人家评论我的建筑比较大气，当然也不能说与建筑师的性格特点完全没有关系，但说老实话，我觉得，更多是与西安这个周秦汉唐的千年古都，特别是汉唐文化有关。有一次做关于历史古城保护的报告时，我就说，西安这个古都，它是都城，并且是中国封建时代最辉煌、最强盛时期的都城。现在大家都觉得北京故宫不得了，但唐代一个大明宫就是北京现在明清故宫的四倍。唐长安城方圆 84 平方公里，规模之大、国力之盛、文化之发达，绝对是一个高峰。

所以我要来反映这种历史文化，不可能是浅薄的、纤细的，要根据城市的不同来设计不同的作品。苏州的小桥流水边，就不能采用西安这种雄浑的建筑。在西安设计出像苏州园林那种秀丽、纤巧的建筑，人们就不会认同它适合于汉唐长安。城市文化孕育建筑文化，反过来建筑文化应该彰显城市特色。我现在做的这些工程，大家都说大气，我认为不是张锦秋的大气，而是汉唐文化的大气，我只不过反映了这个城市的特色而已。

我这个建筑师擅长做什么，我到哪儿都用这个路数，那是不行的。你在不同国家、不同地域、不同历史文化背景的城市，应该采取不同的策略、不同的方式。我给年轻人也反复强调，城市文化孕育建筑文化，建筑文化彰显城市特色。改革开放以后，我们把威尼斯的搬过来了，把瑞士的搬过来了，我对这些事情是坚决反对的。搬过来的东西不是彰显你自己的城市特色，是一个建筑模型，是一个旅游模型。

最后再强调一下大气的问题，跟性别无关。关键是取决于你的学术观点，你的创作态度。

采访者：很多人强调建筑作品要彰显自己的个性，从这个角度去思考问题，自然就会在这种气质的殊异之间感到有疑惑。

张锦秋：我不否认个人有一些偏好或者兴趣，可一定程度上反映在建筑当中，但是最根本的还是处理城市和建筑的关系，建筑要有意识地彰显城市特色，这样就不会千城一面。我认为贝聿铭的苏州博物馆在这方面就是一个典范。当然，也有建筑师喜欢表现个人特色，但我没有这种追求。

2006年《长安意匠·大唐芙蓉园》首发式上金磊致贺

采访者：您在西安做的这些建筑，以整体形式体现了西安的城市特色，就是用建筑在各个点、各个空间、各种组成关系上表现了西安的城市特色，感觉在西安城里走着走着，转个弯就会遇到您的建筑。

张锦秋：其实也不像您说的那样。我刚才说过，西安是古都，它从周代开始，从公元前1000多年前开始到公元后900前后，当中总的跨度是2000年左右，这段时间里，中华民族开始整合成一个国家，从春秋战国时期的各国纷争到逐步整合成一个完整的强大国家，这是中国历史上一段非常重要的经历。作为这段历史时期的中心城市之一，西安沉积了非常丰厚的历史文化，虽然现在地面上可见的古迹已经很少了，地面下的埋藏非常之多，历史记载也非常多。但是这个城市现在已经很难看出这种气势来了，因为它中落了。它失去都城地位以后，就是唐代以后，宋元明清时期，已经被边缘化了，像清朝的西安，已成了一个边防城市。城市的边缘化，就使文化发生了断层。虽然历史没有断，地下文物还在，但实际人文还是出现了断层。比如说现在有很多陕西的民俗，反映的大多是

在陕工作40年发表感言　　在陕工作40年向院长致谢

失掉首都地位之后的西安地区的生活状况。你看陕西境内，宋元明清，关中的名人并不少，但是在全国总体地位究竟不是很高，这是事实。文化中落，城市沉沦，大明宫当年那么辉煌，后来却成了贫民窟。在新中国成立初期，西安作为西部工业重镇，受到了国家的高度重视，苏联援建的150多个项目，很多就落在了西安，其中包括一些大型重工企业、电工企业、纺织企业，但是城市的历史文化还是中断了。改革开放以后，这种情况才有所扭转，特别是这些年在中央大力提倡文化振兴之后。

从我自己做建筑设计这个角度来看，项目一般都不是我能选定的，但我会有自己的倾向。比如同时来委托设计任务，一个历史文化渊源比较深的建筑，和一个没有任何历史背景的现代建筑，虽然后者相对容易，标准层收费合算，但我还是愿意接受那个有历史文化内涵的项目。我有这样的选择，但还得人家来委托，这是个前提。

采访者：其实做这样的建筑设计，你需要花大量的时间去做研究工作，比如说黄帝陵、长安塔等，这些不同时期不同风格特征的

1998年假日的家庭娱乐

建筑，需要你根据它们具体的题材进行针对性的研究和学习。

张锦秋：是这样的，所以每个项目对我们来说都是一个学习研究的过程，不是脑子里头有个现成的东西。但是我们乐在其中，因为可以把学术研究跟工程实践紧密结合。我自己有一个习惯，就是每一个工程完工以后，我都要写一篇文章，把自己当时的思路和怎么做的情况记录下来，也便于交流。我是建筑学报的积极投稿者。我现在跟华夏所的年轻人讲，今后你们要多写一些关于项目创作的文章。

城市客厅的争论

采访者：就您的家庭生活而言，有那么一点传说，就是您曾经就钟鼓楼广场的设想与您丈夫韩骥先生发生过争论？

张锦秋：哦，应该谈不上争论，更多的是一种交流吧。

钟楼、鼓楼是西安旧城（明清西安府城）中心的标志，分别建于

2003年冬在家加班审图

1384 年与 1380 年。早年围绕钟鼓楼曾经有过两个主要的规划方案：1953 年城市规划确定由钟楼和鼓楼分别组成两个相邻的广场，钟楼广场以钟楼为中心，以四座公共建筑向心围合，以后按此规划相继修建了邮电大楼、钟楼饭店和开元商城；1983 年将原规划的两个广场合二为一，拟在钟鼓楼之间开辟绿化休息广场，这个方案保证了钟、鼓楼之间的通视，为市民提供了休息场所，富有地方特色，但由于拆迁和建设的资金难以筹措，规划一直未能实施。广场场地上有大量的民国以来的各种低标准建筑，有商业建筑也有民居，一旦改造就必然涉及搬迁的问题，而且就算拆完了，城市广场是公益性的，投入与产出不平衡。老韩当时是规划局的，他认为广场现在可以不着急做，我呢觉得西安作为一个古城，广场应该早一点清理出来，否则影响城市形象，而且如果现在不抓紧时间，以后的拆迁代价可能会更高。

那是 20 世纪 80 年代末、90 年代初，我记得还是春节在家闲聊的时候，我就给老韩提出来，可以考虑开发利用广场的地下空间，我谈了一些具体的设想。第一是广场的内容。我提出，城市中心广场不一定非要搞成政治性的广场，这个广场上的建筑，也不一定是博物馆、行政办公楼、会议中心。如果要在这里布置很多大型公共建筑，拆迁量就太大了。西大街东段在钟鼓楼之间，街北原有泡馍馆、饺子馆，这些有名的传统食品店，完全可以放到中心广场周围，这样可使得广场更具人气，更像个市民广场。第二，我粗粗地算了一笔账，在广场地下可以开发的面积约有三万平方米，商业空间开发挣的钱，足以支付城市拆迁的费用和绿化广场的建设费用，这样市政府也不用投入太多资金。这样，通过城市设计，通过组

偶尔也逛逛公园

家里喜欢挂字画

织，西安的旧城中心广场就可以建成了。

老韩听到这个特别高兴，就说太好了。以前我们没有拿这个当成事在家里认真地谈，但是这回一谈，我们两个思想就一致了。他说：你的主意很好，走，咱们给市长拜年去。这是我在西安唯一一次给市府领导拜年。主管的市长是技术人员出身，原来是搞市政的，他在西安工作的时间很长，一听到我们的设想，非常高兴，当场就表示赞同。

这就是所谓的争论，实际上是一次学术讨论。我们很少在家里头探讨工程建设问题，因为我们在外头都挺忙的，各有各的事，回家以后，我还有自己看书或加班的事，难得有空就听听音乐，看电视。还得做饭炒菜，很少坐下来就某一个问题，正儿八经进行一次学术讨论。钟鼓楼广场这个，与其说是争论，不如说是讨论。

采访者：当时这样的设想，开发利用城市中心广场的地下空间，西安应该是先行者。您的这种城市广场的设计理念源自哪里？

张锦秋：西安是国内较早开发利用城市中心广场地下空间的例

也得做针线活

子。但这种设计理念和方法，也很难说有什么确定的来源。

我是学建筑的，一直对欧洲的广场很感兴趣，每次出国考察到意大利等地，看到教堂周围都是饭馆商店，甚至于在周围都摆着桌子，老百姓坐在那里聊天，喝咖啡，这种印象很深。所以我就觉得西安的中心广场可以作为市民广场，而摆脱过去的思维定式，不是非要搞成行政广场或集会广场。我希望西安的古城，应增加充满市民生活气息的公共空间，凸显城市中心钟鼓楼的建筑和文化。这应该是一个理念的来源吧。再有就是通过阅读，了解了一些当时的城市设计理念和方法。尤其是 20 世纪 80 年代我几次赴日考察，日本的城市地下空间开发给我留下了很深的印象。所以一接触钟鼓楼广场的题目，我立即想到了开发地下空间。

采访者：在钟鼓楼广场这里，您的所有设计都作为了原来城市的背景，而不是彰显自我，突出自我，表现为对历史和文化的谦逊，而这种谦逊的态度以及设计的方法，开启了您的城市设计之路。

张锦秋：我在设计图上写到："突出标志性建筑，延续古城文化

钟鼓楼广场

钟鼓楼广场地下商场内景

112

带"。在这里，不仅保留了晨钟暮鼓的风格，广场下面还形成了一个新的高档商业区。同时，由于地下空间的经营，又使得原来拥挤在破旧危房中的西安老字号鸟枪换炮、经营提升。后来呢，建成的钟鼓楼广场，被当地人称为"客厅"。

有些人认为我的设计平凡不够震撼，但这个城市已经够伟大了，在她丰富的历史文化和标志性建筑面前，我们的设计又怎么可以僭越呢？钟鼓楼广场的设计，应该是我有意识地进行城市设计的开始。在我们20世纪八九十年代的城市建设之中，城市设计是一种新的观念，而不仅仅是一种技术手段。这是一个观念上的突破，而不是某一个技术细节的提高。

采访者：城市设计是如何融进您后来的建筑设计的？能否结合中国佛学院普陀山学院的设计给我们讲讲吗？

张锦秋：城市设计主要是要通过对空间与建筑的通盘考虑，创造一种既能使人们感到愉快，又能激励其精神的物质场所，使该城市片区协调发展。城市设计的范围或规模，可大可小，一条街道弄巷的改善，一栋历史建筑物或地区的保留、维护，以及一个纪念碑、一棵树的设计安排，都可包含在城市设计的范围内。中国古代有大量的城市设计的优秀实例，例如明清北京城位于中心轴线的宫殿建筑群。现代城市设计除了学习、借鉴传统的和国外的优秀实例以外，尤其应该深刻理解现代城市生活所产生的各种问题，并用现代的技术和手段予以解决。

中国佛学院普陀山学院的设计，按照城市设计的思想，就要追寻佛教文化，传承中国佛教教育的文脉，与周边的山水环境融合，

中国佛学院教育学院礼佛区

中国佛学院教育学院学员楼

创造出特色建筑群体和空间。中国佛学院普陀山学院的基地20公顷，基地北侧的白山与驰名中外的普陀山隔海相望。它的三个山头呈笔架形，对山南的基地形成半围合状。基地南侧是城市道路。学院背山面南，视野开阔，北山的117高主峰与隔路相望的原正觉寺山头和更远的109高山头三点一线，构成了学院的天然轴线。采用这一源自自然的轴线，打破了学院原本矩形的用地模式，经合理配置，创造出既有轴线又自由随机的布局。基地群山环绕而境内无水。为提升环境品质，使之进一步生态化、园林化，在学院内规划了东西两个湖面，以水体来界分不同的功能空间，从而构成了尊重自然、山水相映、奇正相倚、富有生态特色的总体格局。在体现佛教境界的基础上，融入现代教育功能，同时还运用唐风建筑，彰显佛教文化特色。

一个建筑师与一座城市

采访者：总体说来，您主要就依托西安在做建筑设计，您的建筑作品也主要是在西安。

张锦秋：我工作在西安，作品大多在西安。别的地方也有一些项目委托，一般就谢绝了。因为如果跟传统文化有关，我们对其他城市的历史文化不一定像西安这么了解，还要下更大的功夫去了解那个城市的历史，设计施工到现场配合也多所不便。

当然也有一些外地的项目，如中国佛学院普陀山学院。这个项目，原来的名字是中国佛学院教育学院，是在国家宗教事务局与

1994年古城雪景　　　　　　　　　　　1997年在鼓楼上瞭望古城

中国佛教协会领导下，得到浙江省、舟山市各级政府支持的建设项目，主要就是作为中国佛学院的教育培训基地。普陀山是风景名胜区，是不允许大兴土木的，所以选址在普陀山对过的朱家尖。这里还是大片农田，浙江省批准在此建这个佛学院。规划设计是按照国家级的教育学院来进行的。后来由于国家宗教局和中国佛协思路有变化，听说在北京的郊区找到一块地，建了一个教育学院。所以到落成挂牌时，普陀山这里的就改成了中国佛学院普陀山学院，名字和性质都稍有差别。

　　当时普陀山佛教协会的长老到西安来，看了西安的建设情况之后就找到我这里，说要请我去做这个项目。我说你们浙江传统建筑的设计力量很强。他们明确表明要唐风，一是因为唐代是中国佛教的鼎盛时期，另一个是因为普陀山上从宋至清的建筑都有了，单单没有唐代的，所以希望我来做唐风建筑。一般说来，这么远的地方我是不去做的，因为配合施工，工作量不会小。而且从西安到朱家尖，交通也不方便，要经过上海转飞。但我确实被他们的诚意所打动，而且从本心来说，我对这样的项目也有浓厚的兴趣。在西安，

1993年在台湾参加海峡两岸第四次建筑学术交流会

我们就有过法门寺、慈恩寺等的实践，但受用地以及财力的限制，建设规模都比较小，而普陀山学院是很大的项目，可以充分发挥，体现唐代佛教建筑的特点。为此，我们专门学习了佛教培养人才的过程，了解了佛教的门派类别。当然，佛学院也要现代化，不能完全是宗教式的寺庙建筑，宿舍应该怎么样，教学楼应该怎么样，图书馆怎么样，这是一个现代的佛学院，必须传统与现代结合。我们花了很大力气做这个项目，研究花大力气，设计花大力气，配合施工花大力气。对于我们来说，这样的项目经济效益不一定是最好的，但其文化价值、艺术价值确实非常高。当然我们也做办公楼和住宅设计，这些设计主要是解决吃饭问题的，但我们真正的重点还是文化建筑。当然，我们辛勤的劳动也得到了应有的回报，普陀山学院获得了"2011年全国城乡规划设计一等奖"，"2013年度全国优秀工程勘察设计行业一等奖"。

采访者：您对西安这个城市有着非常深厚的感情，这里不仅仅是您安身立命之处，更是您作为一个建筑师和规划师，实现梦想的

在陕西美术馆工地

地方。

张锦秋：这只是一个方面。我在一次接受访谈中说到过，"我有幸来到了关中这片沃土，来到了西安这座古城，使我学有所用"。这个"沃土"有两层含义，一是西安是千年古都，它的历史文化特别丰厚，所以我们创作的题材也非常丰富，自己吸收的营养也有用武之地。沃土的另一层含义，就是陕西的人。陕西西安的领导和百姓对我的关爱，让我很受感动，这也是我离不开这块热土的很重要的原因。改革开放以后，很多城市，很多大学邀请我和我老伴去，要我们离开西安，但我们就觉得陕西不仅历史文化悠久，这里的人对我们来说也非常亲切，舍不得离开。

这片土地上的人们都非常质朴、非常热情，稍微做点儿事情，老百姓就认可你。我出门打的，司机师傅说"你是张锦秋吧？上上上，免费！"哎呀，他一说免费我都不好意思上了。有一次我陪台湾的世界华人建筑师协会副会长吴夏雄先生参观兵马俑，看见一个刻图章的摊子，我看他对那个很有兴趣，就说你挑块图章吧，我送您。图章刻好了，我想落个边款"吴夏雄先生留念，张锦秋赠"。我告诉刻图章的师傅，结果那个师傅说，啊，您就是张锦秋啊！我说是啊。哦，这个图章免费了，不收钱了！当时吴夏雄会长特别感动。他说，我没有想到在大陆你们建筑师这么受人们的关注，我们台湾建筑师就没有这种社会地位！诸如此类的事情还有很多。

我不是陕西人，但大家都把我看成陕西人了，我觉得很温馨，这个温馨不是抽象的，是实实在在感受到的，我已经融入了这片土地。

采访者：这是非常有意味的事情。一般来说，不仅在台湾，可能大部分地方，没人知道哪座建筑是谁设计的，更不要说他们为这些建筑而感到自豪，为居住在拥有这些建筑的城市而自豪，为城市拥有这样的建筑师而自豪的了。在城市、建筑和人的关系上，您的作品已经具有了感染城市、诠释公众心态的功能。这一点非常了不起。

　　张锦秋：我只是在做一个建筑师该做的事情，但西安这片土地，这片土地上的人们确实给了我太多的东西。这样的例子很多。记得2008年奥运会之前，西安举办了一个迎奥运的大型文艺晚会。地点就选在大明宫的含元殿遗址前，当时这里还没有建设遗址公园，只有一个保护含元殿遗址的大台基，前面就是大广场。在大明宫遗址上面举行这个晚会，举办方很用心，居然按照这个遗址的情况，请人进行了复原设计，用舞台布景搭了一个足尺的含元殿，当然，它不是建筑，布景用轻质材料搭起来的，含元殿旁边还有阙楼，这是一组用作演出的舞台。观众席就安排在殿前广场上。这个晚会很盛大，晚上灯光灿烂辉煌。我和老伴也被邀请去了。开场前，我们就在旁边的茶座坐着喝茶。旁边有一个女同志，就跟我们聊天。她说她是西安哪个政府机关的公务员。"以前光知道我们西安是周秦汉唐的古都，但古都到底是个什么样，我们没概念，今天晚上来看这个大明宫的晚会，看到在这个遗址上复原的布景，看到了大明宫含元殿的辉煌和壮丽，"她说，"我才知道唐长安城有多伟大！"这是一个普通的公务员，说话间她自豪的表情溢于言表。她说："我现在真为我在西安生活工作感到自豪了，原来古都是个抽象的概念，现在我觉得具体化了。"这个女公务员的一席话，给我印象很深，对我也

2005年接受中央电视台
《大家》栏目采访

是一个教育。我觉得，写几行文字，挂一个标牌，说这里是千年古都，普通老百姓对这个是不会有概念的，在他眼里，古都只是一个历史名词而已。

那次盛会后，西安市上自领导，下至老百姓都很激动，就有人提出要恢复重建大明宫。但是国家的文物保护政策不允许重建，所以后来大明宫遗址公园项目上马真是人心所向了。大家都有这种心情，就是要把宫殿遗址保护好并且展示出来。后来我承担了大明宫丹凤门遗址博物馆的设计。当时有很多方案，大部分都是用现代建筑的手段，因为主要是保护遗址嘛，里头的空气洁净，温湿度适宜，有方便的参观流线，这些都是遗址博物馆的概念。我做了一个方案，就是尽量贴近丹凤门原来的形象，为什么我做这个方案？就是那晚那个女同志说话的作用。看到今天这个大门遗址博物馆，她就可以知道大明宫有多辉煌，有多大的尺度，她就有了西安市民的自豪感。如果说丹凤门遗址博物馆盖成一个现代建筑，大家都可以进去看，专家根据遗址联想那个城门楼有多雄伟，普通老百姓看到一片遗址，可没有形象和尺度的概念。遗址博物馆是大明宫的大

大明宫丹凤门遗址博物馆

大明宫丹凤门遗址博物馆内景

2009年大明宫丹凤门钢结构施工现场

2001年学习掌握笔记本电脑

门，又跟大雁塔在一条景观轴线上，我认为不能做成一般的现代建筑，要尽量把唐长安的气势表达出来，但按照文物部门规定，它不能复原，所以我说它是一个"推理设计"，并且把整个建筑的色彩都抽象成土黄色，犹如大遗址上一个巨型雕塑。它也不是芙蓉园里面的那种唐风景观建筑，它是一个现代的遗址博物馆。

采访者：在城市、建筑、人的体系之中，您把文化的概念作为具体的东西落实了，而它也具有了沟通这三者的力量，也具有了凝聚城市、再造文化的力量，也就是我们通常所说的文化复兴的力量。

张锦秋：对此我确有很多体会。现在我到许多场合讲课的时候，都说衡量建筑，最终要看它是不是增加了这个地区或者这个城市的民众认同感和凝聚力。在西安，我亲身感受到了这个力量。这不是说看到哪本理论书的论述，也不是引用哪个大师说过的话，这是我的切身感受。

当然，扎根西安也要有国际视野，立足本土要放眼世界。我不是一天到晚就研究周秦汉唐的历史，看博物馆的文物，我也很希望

1987年赴美考查在华盛顿中心广场

1990年在科隆莱茵河畔

了解国外的建筑发展。我国刚刚改革开放，也就是在20世纪70年代末，我想出国留学，当时我是符合正式出国留学的标准的。我们中建公司还特别强调面向海外，在西北院举办了英语口语班。我在学校学的是俄语，英语原来自学了一点，这时候也踊跃参加了口语班，通过了口语考试，当时我就想出国去看一看，见见世面。

但是当时正好陕西省体育馆项目上马，我是建筑专业负责人，我们的方案已经批准通过，就要实施了，要做初步设计和施工图。刚好出国就要报名，我思想斗争很激烈。那时候，一个八千座位的体育馆在陕西省就是不得了的重点工程，所以我就决定还是不放过这个工程实践的机会，也不辜负组织上对我的信任。出国是为了开眼界，以后可能还有机会。所以当时就没有报名出国。后来过了两年，我的年龄超过了标准，就没法正式出国留学了。

以后我很重视出国考察、学习、交流，重视学习世界建筑的发展情况。我出国考察了不少地方，也在一些重要的国际会议上做过报告和交流。当时我到曼谷做学术报告，讲的都是传统建筑空间意识和空间美，宣传中国的传统建筑文化，到台湾差不多也是讲这些。在巴黎德方斯举行的中法建筑交流大会，在美国哈佛大学的亚洲建筑发展论坛，在日本京都大学、在日本的建筑学会学术报告会上，我都讲中国传统建筑的理念及其在今天的运用，结合我自己的工程实践讲体会。改革开放确实给建筑师创造了很好的条件，可以在全世界进行学习交流。

我觉得很有意思的一次是到巴黎考察。当时中国建筑学会组织了一批建筑师，到巴黎跟法国建筑师交流。法国是文化部管建筑，我们是建工部管建筑。接待我们的一个法国文化部官员，给我们讲巴黎怎么注重历史文化，怎么保护环境，这个城市如何如何和谐。当时巴黎建了个蓬皮杜文化艺术中心，声誉极高。楼板可以升降，墙可以平移，天花板也可以升降，内部空间很灵活，可适应各种规模活动的要求。为此，这个建筑的外形就像个工厂，风道、管网暴露在屋顶和墙外。这是这个方案的独特构思。我们中国人跟着西方的宣传就说这个先进，好啊，有创意，我有些怀疑，我觉得在巴黎旧城区的文化建筑这样搞不好。所以在巴黎考察的时候，我就请问："你们不是注重城市文化的保护吗，请问蓬皮杜文化艺术中心是不是也和巴黎旧城区相协调？"那个官员一听，说，哎呀，这个方案批准的时候，我们大巴黎的保护大法还没有制定出来。现在制定出大法后，如果现在在这个地方报建这么一个方案，是得不到批准的。世

1991年8月1日参观交河古城

1991年10月在桂林考察民居

1996年参加中国建筑师代表团
在巴黎举办中国建筑展并作学
术报告后参观考察

1997年访问哥伦比亚大学

1999年6月远眺帕提农神庙全景

1996年赴法国考查与法国建
设部官员在圣心大教堂前

1999年在罗马感受历史的厚重

1999年6月在巴塞罗那欣赏
米斯杰作

1999年6月访问罗马市规划局

2000年在流水别墅前

1991年访日作学术报告

1991年访日作学术报告后接受献花

界著名的蓬皮杜文化艺术中心，中国有些建筑师崇拜得不得了了，我在国内就老跟他们有争论，现在我得到答案了。不是大师的所有作品都先进。华盛顿的现代艺术馆，我在外国考察的时候，他怎么怎么好，我都仔细看了，我服。

所以我在国外考察的时候，我都会多方面地去了解情况。我回来再做学术报告，我就讲要考虑左邻右舍的关系，和谐，和谐，还是和谐。我觉得出国考察不是一般的观光。我在国内，在西安做项目，我也有国际的参照性，不是说我们就闭门造车。现在条件好了，年轻人每年都可以出去，旅游兼考察，我是很支持他们去的，不多看的话，我们就很闭塞。建筑这个东西，光看书本不行。

采访者：作为工程院院士，同时也是人大代表，您对西安有着

1992年应邀赴日考察民居，由正
在日本留学的韩一兵任翻译

1991年为苏州寒山寺建塔顾问与性空法师合影

很强的历史使命感、责任感，每一次有优秀的传统建筑可能遭到破
坏的时候，您都会站出来，为它们请命。

张锦秋：是的，我当过政协委员、人大代表。让你当委员、当
代表干什么？除了建筑师这个身份以外，我深感还有更高的社会
责任。

采访者：更何况您是一个知名的建筑师。

张锦秋：我觉得应该对历史负责，好的你就应该歌颂，不好的
你就应该反对。

我觉得我的责任感非常具体。有时候有老百姓给我写信，说
哪哪哪不好。像最近就收到一位教师的来信，说大雁塔北广场，就
是有大喷泉的那个广场，石头做的铺地上面，刻了很多中国著名的

1993年在全国政协妇女组大会发言

陕西省省委书记赵乐际颁发2011年陕西省科学技术最高成就奖

1994年与丈夫韩骥同赏古城雪景

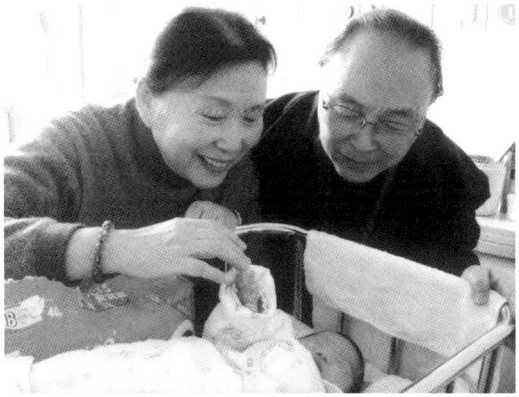
2005年当上爷爷奶奶

诗词和经典文献，游人在上面踩来踩去。他说我认为这个不合适。其实这个广场的设计不是我做的，我做的是南广场，是有玄奘纪念像的那个。他们以为都是我做的，所以他就给我写信，对我提意见。他说，我们中国自古以来对文字就是视如珍宝，有敬惜字纸的传统，连有字的废纸都不能乱扔，这样把经典的诗词和文献刻在地上，让人乱踩，这不符合中国人的文化传统概念。哎哟，这个老师信写得很尖锐。我接到以后，就一直在想着如何给他回信。这个广场虽然不是我设计的，但是人家把意见提给我了，我就有责任。所以前两天我见到有关领导时，向他们作了反映，并把那封信转了过去，把这个意见反映了上去。老百姓有什么意见，常常给我反映，有的包括他家的住宅跟谁打官司，都写信给我，我觉得这是老百姓对我的信任。我精力不济，不该管的不能管，但是只要我能反映的就反映。社会对我们要求是很高的。

第 6 章

思想者
vs.
实践者

——从传统空间意识到和谐建筑

采访者：在您的设计观念里面，传统空间意识非常重要，空间意识渗透在设计里面。您能具体展开给我们讲一些吗？

张锦秋：建筑主要就是围合空间，室内空间，室外空间，说来说去都是空间。我在《从传统走向未来》一书《传统空间意识与空间美》一篇文章里，对此进行过系统的介绍。总体来说，主要体现为天人合一、虚实相生、时空一体和情景交融。

天人合一的思想是传统空间理念最基本的理念，讲的是自然和人的关系，就是自然统一。在建筑空间上往往表现为"因天时，就地利"，"虽由人作，宛自天开"。从城市到建筑、到园林，一部中国古代建筑历史，方方面面的例子都有很多。现在的可持续发展和自然，其实和我们古代把人和自然看成是一体的观念是一致的。"天人合一"的"天"是物质存在的天，不是说神，不是迷信的天，它作为物质存在，指的就是自然，就是自然界，天人合一就是说人和自然是一个统一体，是有机的统一体，不是对立的，人不要去征服自然，而是要顺应自然、利用自然。人类也好、个人也好，在这个自然界要找到你合适的位置。所以城市的选址，要靠近水，但是也要防止水灾，要选高一点的地方，但是要避免引不上水而干旱；建筑园林就更加需要利用自然了。这种有机的自然观，摆对了人和自然的位置，我觉得对现在的可持续发展具有很大的意义。

虚实相生，也是很重要的。虚实相生更多的是从艺术的、美学的角度来看。中国国画有的画得很满，有的画虚白空灵，只是画那么一点小山，几条小毛驴，但是整个画面意境却非常深远，这就是以虚代实。中国的篆刻，有阴刻、有阳刻，这实际上也是虚和实的关系。这是艺术方面的怎么虚实相生。建筑设计也讲虚实，如果建筑都是大玻璃，或者全部都是实心墙，感觉都会太闷。人们到北京天坛，经过漫长的神道来到祭天的圜丘，三重圆台之上不是屋顶，而是一片虚无的天穹。它是把整个宇宙作为自己的殿堂。在这里，完全没有金字塔那种在自然中反抗的意识，也没有哥特教堂以技术手段去霸占巨大空间的姿态，相形之下，圜丘是那样无边无垠，空灵博大。中国人之所以如此重视空间，重视虚，是"虚实相生"不仅仅是空间意识，也是哲学和宇宙观念，所以中国的建筑窗怎么开，什么地方是封闭的院子，什么地方是开敞的空间，这里面有很多的艺术的、审美的规律。

传统空间意识中，空间与时间是不可分割的，这就是时空一体。梁先生以前就说，参观中国古代建筑群，就像慢慢展开一幅长卷，因为很长，慢慢展开，随着欣赏时间的推进，比如参观故宫，从前门开始，经天安门，过午门，走金水桥，进太和殿、中和殿、保和殿，再走进后三宫，这个整个过程就如同慢慢打开长卷，随着时间的推移，空间缓缓展现。空间组织跟时间契合的体验，就是时空一体。最后你走完了，就相当于欣赏了这个画卷，中国建筑群就是这样。所以中国建筑跟音乐一样，它有节奏。建筑设计讲节奏，有的空间是很紧凑的几个小房间，忽然豁然开朗之后出现一个大的院子或广场，然后再有所变化，它是随着人的活动，在空间中以过程的方式展开的。中国的空间概念还有象征意义，东南西北象征春夏秋冬，金木水火土对应具体方位，这些都是时空一体观念的体现。

再一个就是情景交融。中国人于有限中见到无限，又于无限中回归到有限，其意趣不是一往不返，而是回旋往复的。空间在中国人的心目中可敛可放，可流动变化。因为中国人欣赏风景或者建

2009年在香港中海科技交流会作报告

筑，他都是有一个思想过程的，如《文心雕龙》所说："目既往返，心亦吐纳。"我过去跟年轻人讲，陶渊明《饮酒》诗云："采菊东篱下，悠然见南山。山气日夕佳，飞鸟相与还。此中有真意，欲辨已忘言"，就说明了情景交融的过程。采菊东篱下、悠然见南山就是说风景很好，"山气日夕佳，飞鸟相与还"，就是夕阳西下了，天慢慢暗起来，暮霭慢慢升起来，鸟也开始回巢了。这种景致，其中含有的动态和生机，自然非常丰富，"此中有真意"，这就激发、提升了人的感情、思想活动，或者感悟到自己人生的体验，或者悟到一些哲学道理了，但"欲辨已忘言"，想说清楚，却已无法用语言来表达了。中国古代非常注重这种情景之间的自然交流，就是景色很好，还要看它是否能让人见景生情，能不能激发起人的情感与思维活动，光是景色不错和漂亮，没有其他的感受，无法触发人的思想感情活动，或者无法拨动人的心弦，不能达到情景互动，就不一定是上乘的景色。这种景观能引起人的思想共鸣，这就是情景交融。这种情况，在我们古代的文学作品中比比皆是。所以中国艺术品的最高境界不是"好看"，现在年轻人说这个花很漂亮，或者这个房子很漂亮，都

2012年与矶崎新共同主持国家美术馆评标

不是最高的艺术境界，最高的艺术境界是要引起人的思想情趣的共鸣，这种艺术品或者这种艺术环境才是最高层次的，中国的传统空间意识就是这样的。

关于这方面我做过一些学术报告，有的人听了就觉得很抽象，如果结合一些例子说，大家还是可以理解的。我觉得我的建筑创作就是遵循了这些传统空间意识与空间美的观念。

外国建筑理论也谈空间，他们也强调流动的空间、变化的空间、灰空间等，外国的理论谈场所感、场所精神、类型学，这些是外国的一套理论语言，其实跟我们也有相通的地方。但我是用中国的语言来表述这些美学的规律或者设计的理念，我觉得我不需要用外国语言、外国理论来说，或去跟外国的什么空间理论挂上钩来说明我的正确性。我就是一个中国建筑师，也是中国的文人，我就用中国话说我们中国的事，我干嘛非要用西方的这些专业词汇，我应该有我们的语言，有我们的表述的特色。

采访者： 在传统空间意识之后，您提出了和谐建筑的理论，不

2012年在人民大会堂

知它更多来自于您的建筑实践，还是理论探讨？能否就理论的根源给我们一些阐释？

张锦秋：和谐建筑的源起，大概就是在设计过程中处理与左邻右舍、自然环境以及相关背景的关系的过程中产生的，自觉地感觉到要和谐，但是最初我并没有讲和谐建筑，我一开始在讲课、作报告的过程中，更多的是讲空间意识、空间美，空间意识在我自己的创作里面是怎么体现的，哪个建筑是怎么做的，等等，讲的就是这些。后来中组部和建设部合办的一个市长培训中心，因为感觉城市发展好像没有文化，就要我给领导们讲城市文化。于是我开始讲城市文化与城市设计，举了很多外国城市的例子，巴黎怎么样、罗马怎么样。城市为什么会有文化，这与城市设计也有密切的关系。外国的理论有凯文·林奇提出了几个要素。给他们讲城市文化，他们听着也有兴趣。但是后来，我逐渐发现，建筑和工程项目设计的最主要问题就是两种：一种就是抄袭，西方的威尼斯花园、罗马城、夏威夷港这些东西全国遍地开花；另一种是千篇一律，高层建筑逐渐多了，现代建筑逐渐多了，南方城市、北方城市千篇一律。还有一种

曲江宾馆中心园区

曲江宾馆新楼

倾向，年轻建筑师或者外国建筑师来到中国，好像就是要吸引人的眼球，所以建筑力求做得给人留下强烈的印象，甚至怪异的形式都出来了，叫有视觉冲击力。我由于讲课的需要，能够思考现在城市建设和建筑艺术方面存在的问题，我觉得从城市的角度来看是要和谐，所以就出现了和谐建筑理论。

和谐建筑，它不是以某一本书为来源，更多还是从一个建筑师的切身体会来说，在工作中结合具体背景下的项目工程，结合具体的环境而提出的，它不是孤立的，不是有一个框框，而是在做一个一个项目的过程中悟出来的。

采访者：从实践中总结得来的理论是实践的升华，在具体工作中具有一定的可验证性，从理论中抽象的结果，可能更多是一种理想形式。您的和谐建筑理论在很多地方都已经落实到了具体建筑和城市设计之中，您能重点给我们讲讲和谐建筑的内容吗？

张锦秋：和谐建筑包括了和而不同、唱和相应两个层面。

先说和而不同。现在的城市都是多元化的城市，不是像平遥一个小城市，清一色的都是古代的——那是保护一个完整的典型的历史城市，一般城市不可能是那样的。像西安不可能清一色的都是唐风或者是明清古城里面的东西。城市是发展的，是动态的，是多元的，城市艺术也是多元的。多元的情况下至关重要的就是怎么能够和谐，多元而不和谐就是杂乱无章。为什么要和谐？我们中国自古就讲求和谐，这是中国传统的哲学理念，涵盖社会、人事到人的道德观念，城市建设、建筑环境的营造都讲究和谐。孔子讲"君子和而不同、小人同而不和"，和谐是我们中国的一个基本观念。孔子没有提及建筑，但是这个哲理就有普遍意义。就是说事物是很复杂的，它是多样性的。我觉得"和"指的是不同因素的协调统一，如果相同因素统一，那就叫"同"，简单的雷同。我们现在要的不是"同"，而是"和"，把孔子的这个哲理延伸到我们的城市建设上来，道理也是通的。在建筑艺术上，我提倡和谐，反对一律，主将吸纳百家优长，兼及八方精义。

怎么能够和谐？就是要唱和相应。《新书·六术》有言："唱和相应而调和。"这是讲不同的因素怎样才能达到"和谐"的境界。就是说，虽然音有高低不同，只要有主次、有节奏、有旋律地组织起来，便可成为和谐的音乐。先哲的智慧给我们以启迪，有助于我们开阔思路，提高我们鉴别与创作建筑的能力。我们中国的自然观都讲有机，城市建设是人工环境，也应该是有机的，不应该是无机的、无序的、杂乱的，所以就要经过城市规划，经过功能分区确定这里是什么那里是什么，这条街上适合于布置什么类型的建筑、适合于哪些功能。城市设计跟建筑的关系，就要求实现唱和相应。do、ri、mi、fa、so、la、xi 不同的音，每个音都不一样，能够有序组织，就可以成为一个悦耳的乐章。城市也是这样。比如在世界园艺博览会上，全世界不同风格的建筑，西洋古典的、西洋现代的都有，还有我们的天人长安塔，但按照地域建筑现代化、现代建筑地域化的理念规划，各个不同性质的建筑就可以各得其所，看着不杂乱无章，还是很和谐的。怎么达到和谐，就是要唱和相应，大家有一个整体的观念。过去建筑师都顽强地表现自己，我主张学赖特，我到处设计的房子都是赖特类型，或者我是另一派，鸡腿、带形窗、平屋顶，那我到处都贩卖这个，这就是我这个建筑师的特色，

群贤庄小区屋顶花园

是我擅长的这一套，那不行。

建筑师很容易对城市规划师不以为然，说城市规划师不懂建筑，说他们限制高度，限制色彩色调，这些都制约了建筑师的创作。我在设计院就给年轻人强调，这种说法是很错误的，一个城市它是一个有机的整体，不能无序，所以城市规划就是要把这个大纲弄出来，等于是画画的轮廓，哪是山、哪是水，哪儿出现人物，这是布局。你建筑师怎么画山，怎么画人物，都是要在这个整体布局之下。我非常尊重城市规划，我曾经建议城市规划学会和建筑学会一起组织学术活动，互相交流。我觉得建筑师不能自说自话，我就管我这个建筑设计，我的设计理念很先进，我用的技术也很先进，我觉得挺漂亮，为什么我这个方案不通过，这样不行！

一个是和而不同，你不要抄人家的、千篇一律，但是不同还要唱和相应，这就是我这个和谐建筑的基本理念，就是建筑和城市要和谐，建筑与自然要和谐，建筑跟建筑之间要和谐，还有建筑要促进人和人的和谐——因为建筑是让人使用的，如果建筑师的设计不合理，就会给人和人的关系制造矛盾。举个最简单的例子，比如

2012年中国建筑学会年会
上获颁特别贡献奖

说一个公共建筑，疏散通道很窄，不要说出火灾，就是出现拥挤事件，你撞我，我撞你，就可能出事故。这就是建筑师的责任，你有没有给人和谐相处创造条件，这是一个最低的要求。像在学校里面，除了教室以外走道能够给学生、老师提供宽松的交流空间，还要有一种自由的空间，为人与人、人与建筑和谐的关系创造条件。这说起来就很多了。所以建筑能够促进人和人的和谐，对社会的影响是很大的。

　　我这个和谐建筑的理念就是这样形成的。现在到处让我讲的就是这个和谐建筑。有一次陕西省领导下基层到我们院来，他说你的和谐建筑我觉得很有道理，很有哲理，其实我们行政人员官场也有这个问题。你提出唱和相应，一个班子，不同的部门、不同的领导，这个班子怎么能够把工作做好，要唱和相应，如果各部门管自己，大家不往一个目标上奔，不唱和相应，这个班子的工作就做不好，他说你这个搞技术的很有头脑，我听了对我们的工作都有启发。这正说明孔老夫子跟我们传统国学里面的精华所在是有普遍意义的。

142

我期望我们的城市与建筑能"古代文明和现代文明交相辉映，老城区与新城区各展风采，人文资源与生态资源相互依托"，走和谐共生的发展之路。判断一个城市的建筑是否先进和美观，要看它们创造的物质环境和文化精神是否有利于增强民族文化认同感和归属感，是否有利于巩固和发展自身的社会凝聚力，而建筑的和谐是实现这些的前提条件。

采访者：虽然和谐是个传统的理论，但是在您应用到建筑的过程中，它已经不仅仅是针对建筑的理论，而是一个具有哲学和科学双层含义的理论体系了。结合和谐建筑理论，您可不可以对您最新的项目进行一些分析？

张锦秋：那就讲讲咸阳博物院吧。过去，我接受委托作项目，一般是自己构思拿出方案，现在呢，我都是让年轻人先拿方案，看他们想做成什么样子。有年轻人就拿出了非常现代、时尚集中式的咸阳博物馆设计方案。有的人就提出了，咸阳是古都，博物馆应该有传统文脉，应该是一个群体，就布置了轴线，由几个建筑院落组成。我说主张群体这个思路对头，但还不够，还缺乏明确的意象。后来我提出，咸阳这个城市当时是都城，它不像唐长安，方方正正的。秦朝是逐渐强大起来的，它这个都城当时是按照"象天法地"的思想建筑的，就是"渭水贯都，以象天汉""横桥南渡以法牵牛"，是把渭河看成是天上的银河，渭河大桥似联系牛郎织女的鹊桥，挺浪漫的。秦人还"表南山以为阙"，其实咸阳离秦岭的南山距离很远，但是把宫殿正对着南山高峰，把山当成它的宫阙、城阙，这个思想也是自然观的体现，都很浪漫。我说既然咸阳城的构思是这样

天人长安塔夜景

的，那么我们的咸阳博物馆是不是也能够"象天法地"、浪漫一点，用这种思路来构思？所以我提出采用北斗七星的构成，设计七个单元。北斗有七星，整个布局是不对称的，把北斗七星想象成一个勺子，这个勺体本身对称，但是它有一个勺把就不对称了，所以博物馆主体有轴线，对着秦王宫遗址的轴线，但是勺把就甩出来一个不对称，不对称的地方就是它的文化保护的管理部门，就偏到一边去了，挺好玩。我就给他们画了一个北斗七星的布局图，就是中轴线怎么取，让他们再去发展这个群体，我说你们再试试。下面就都是这些年轻人具体做了，这一块干什么、那一块干什么，他们其实有这个能力。现在我带年轻人做方案都是这样，过去我就把每一块都画出来，标明每一块里面的功能，方案做得比较深入，像陕西博物馆、大唐芙蓉园。现在我改变方式，我就想让年轻人多做一些。

采访者：我们在具体采访所里的年轻人的时候，他们谈到这个案子的时候，都在说您的思维特别新，说北斗七星的构思，很让他们服气。您在探索传统与现代建筑相结合的过程中，一直在探索，一直在创新，您能介绍一下您创新的模式吗？

张锦秋：应该说没有模式。因为你不知道下一个工程是什么样的，创新不能预设套路，后面这个项目要怎么创新，需要根据不同的题材，不能说下一个项目我也要象天法地了，这是不可能的事情。只有项目来了，结合具体案例才能出现创新的构思。

采访者：构思是可以到时候再创新，但是您在新技术、新材料的应用方面却一直在创新。

临潼华清城广场水幕台阶

临潼华清城广场

西安世博园中天人长安塔

张锦秋：地域建筑、传统建筑要现代化，新技术和新材料的应用是必须的。一些文物古建的修缮、必须完整配套的历史建筑群需要用原汁原味的木结构以外，新建设的传统风格建筑一般都不赞成一板一眼用传统木结构。所以体系、材料、技术，包括审美意识，都要与现代结合。比如在传统建筑上，我不太主张动不动就用彩画，我做的工程没有用彩画的，我不太喜欢红红绿绿的彩画，我觉得不够现代，太繁琐，现代的审美意识应该简洁、明快。所以现在做工程能用钢结构的就用钢结构，钢筋混凝土结构原来用得比较多，但是现在来看钢筋混凝土结构也不是绿色材料。绿色建筑需要考虑建筑的全生命周期，钢筋混凝土建筑一旦遭到破坏，或者说这个城市发展了，建筑要改作他用，钢筋混凝土就成了不好处理的建筑垃圾，就是城市的负担，所以现在提倡钢结构，一是可装配式的，一是可以回收再利用，是可持续发展的。我现在做的工程，但凡能用钢结构的地方尽量用钢结构，它有很多优越性。天人长安塔、遗址博物馆，都是采用很先进的钢结构，还有现在做的咸阳博物馆也是。

采访者：绿色建筑其实是近几年比较新的提法，您与时俱进地把它与传统建筑形式结合，纳入了传统空间意识里面提到的可持续发展。

张锦秋：基本思想其实是一致的。你看天人长安塔，我们的设计还是基于天人合一的观念，包括用玻璃、通透，但是通透以后不节能，所以我们采取了很多节能措施，最后天人长安塔评了一个二星级绿色建筑。我们当时还没有几星级绿色建筑的想法，但是可持续、环保、节能这个概念我们有，目标是一致的。后来到咸阳博物馆，我们就自觉地要创建绿色建筑，那就更复杂了。

采访者：您一直在探索用现代的技术和材料来实现对传统的继承，包括传统空间和审美、传统建筑理念等。

张锦秋：至少在一些有传统文脉的建筑中，我是这样做的。比如三唐工程中的唐华宾馆，在大雁塔东边。大雁塔是唐代的，所以我采用了简化的唐代风格，但是旅馆功能是现代的，是园林化的。我做的曲江宾馆，在大雁塔南面，那个地方离大雁塔比较远，看不到大雁塔，在景观上和大雁塔没什么关系，做方案的时候，我就有想法，绝不能重复唐华宾馆的做法。那个宾馆的建筑是很简洁的、现代的，但是它的布局还是中国园林式的，有大小不同的园林空间。园林的生命力很强，它可以在现代城市当中广为运用，所以我就有意识在这个项目中探索现代建筑与中国园林结合。这座宾馆建成以后很受欢迎，很多会议，人家都要求到那儿去开。那是园林化的宾馆，但是是现代建筑，我在设计上是有意识地做一些探讨，只要甲方同意。我觉得现代功能能、现代形式的建筑也完全可以与中国风格的园林结合。

采访者：在传统之外，我们非常好奇您对现代风格的看法。

张锦秋：这个问题是我讲和谐建筑课的一个很重要的内容。我不太赞成我们的年轻建筑师讲流派，这个建筑师是什么流派，那个建筑师是什么流派，建筑师很容易把自己归入流派，把自己套住。我认为不应该这样，因为建筑是分类的。

我同意把建筑分成产品形式和地域形式。产品形式主要取决于

2012年大唐华清城工地指导

它的技术和功能，就跟咱们这个计算机、电视机一样。建筑也是，火车站、飞机场，超高层，它突出的是特殊的功能和先进的建筑科学技术。各种形态的大跨度飞机场、体育场馆在中国可以盖，日本可以盖，美国也可以盖，这是产品形式。还有一种地域形式。地域形式就是更多取决于地域的自然和历史文化特点，这就要考虑不同的地域特色、历史文脉。这两者是不同的类型，不能一概而论。全玻璃的玻璃幕墙能不能用？可以用啊，看你用在什么地方。我给市长们讲课的时候，有的市长就说，送来的方案一送十几二十套，我们眼睛都看花了。我说你先看大的分类，你们这个建筑是要突出它的大跨度、特超高的功能，这些功能要求和先进的技术确定了，你就可以选用产品形式，就是怎么先进怎么来。如果是文化建筑或者一定的政治性建筑、纪念性建筑，你就要适当考虑地域特点，建筑是分性质的；或者在文物保护建设控制地带，或者历史城区、历史街区，或者风景名胜区，你都要考虑地域文化。不能笼统说哪个好，哪个不好。

我给他们举国家大剧院的例子。当时一百多个工程院院士上书

1998年国家大剧院设计竞赛的评委们

2002年中央电视台设计竞赛的评委们

2004年主持广州电视塔方案竞赛评审

反对国家大剧院，不是认为它里面的哪个细节设计得不好，那是另外一回事。整个大的问题就是，这个造型处在天安门广场旁边、中南海对门行不行？我觉得不行。因为这里是古都北京的心脏部位。这本来是明清古都的心脏地带，怎么能搞一个大的水煮鸡蛋在那儿呢！我觉得它破坏了我们古都核心的和谐。我讲课的时候，举"鸟巢"和"水立方"的例子，我说你们看，这个旁边如果盖一个国家大剧院，是不是很自然。他们说对，在这儿还挺合适。所以建筑不能孤立地说啥好啥不好，必须看盖在什么地方。我还举一个例子，像广州的小蛮腰，还有广州的歌剧院（哈迪德设计），我参加评标，都投了赞成票，我是极力主张的。他们说张锦秋你在西安搞一套，你到别的城市怎么赞成那个？我是觉得小蛮腰跟广州的气质，跟珠江那种很秀丽的环境非常合适。我是评审组长，我极力推荐小蛮腰。我觉得不是说，我在西安搞传统和现代结合，我就到处都唱这首歌。不同的城市，不同的地域，不同的项目，它有不同的要求，要因地、因题、因时制宜。

第 7 章

大奖殊荣

采访者：从新中国成立以来的经历来看，一贯体现在您身上的就是一种对时代、对历史的责任感和使命感，而这种特殊或者说极为普通的品质，就支撑着您一点点创造了属于您自己的辉煌，这些辉煌的标记点就包括了您获得的各种大奖殊荣。作为梁思成先生的学生，2000年获得第一届梁思成建筑奖，是否对您具有非同一般的意义？

张锦秋：梁思成建筑奖具有非常重要的意义，但不是针对我个人而言。梁思成建筑奖的设立，本身就体现了我们国家对中国建筑文化的重视，对梁思成先生及其成就的高度肯定。在梁思成先生过世二十多年后，能够摆脱"文化大革命"时期对梁先生"复古主义"的指责，摆脱那个时代对梁先生批判的阴影，从官方的角度对其予以肯定，这个让我非常高兴。

作为梁先生的学生，作为清华的学生，我获得了这个奖项，那自然是荣幸之至。不谦虚地说，我也觉得我应该得到这个奖，因为我们是梁先生学术的继承人，我们又在做建筑实践，我们不得梁思成建筑奖，那梁思成建筑奖给谁呢？真的，我当时真的有这种心情。

采访者：2010年。您获得了何梁何利基金科技最高奖项——"科学与技术成就奖"，也成为了何梁何利基金历史上第一位获得该奖项的女性。在得知获奖后，您有什么感想？获奖对您的设计和思想有没有什么影响？

张锦秋：从奖项的申报开始谈起吧。当时申报何梁何利基金的时候，虽然院里很重视，工程院也在推荐，但我心里还是有一些顾虑的。因为何梁何利基金奖项主要是针对科技类。建筑既创造物质财富，又形成精神财富，具有双重性，但我感觉，当时的科技界对建筑界还是有一些否定的看法的。有一些人可能认为，你们建筑师不就是把建筑设计得漂亮一点吗，有什么科技含量可谈呢？

确实，建筑主要是应用科学，采取什么结构，使用什么先进材料设备，这些都是人家科研的成果。我们主要是把他们的成果运用到建筑工程上，而不是去发明一个公式，创造一种理论，解决一个世界科技难题，这些都不是。说老实话，科技界的人大多认为建筑科技含量不高；文化艺术界呢，他们就认为搞建筑的都是匠人，建筑师的画很匠气，跟人家艺术家画的不一样，匠里匠气。好像艺术界也不把建筑当成艺术。这一点在西方就不一样。早在希腊罗马的古代，建筑本身就是大艺术、综合艺术的意思，绘画、雕塑、装饰等很多东西，都在建筑里头运用。米开朗琪罗、达·芬奇是建筑师，同时也是雕塑家、画家，他们知道画放在天花上好还是墙上好，雕塑要放在哪里，他们在做建筑设计的时候，就考虑了具体房间和空间中摆放艺术品的位置。但是在我们中国没有这个概念，中国的建筑师就是匠人，古代就是木匠、泥瓦匠。所以在评这个何梁何利奖的时候，我其实没觉得自己能评上。后来评上了，我倒觉得意外。但评上了，也说明建筑界得到了科技界的总体承认，我首先是替我们这个专业高兴。我认为何梁何利基金评委会的水平很高，他们对科技和艺术的关系认识很全面，是一个高水平的评委会。后来听说评委里面也是有争论的，他们进行过很认真的讨论。我后来听一个领导讲，当时评委还到国家博物馆去查找资料，因为我参加过把革命历史博物馆改造为国家博物馆的方案评选，他们就去查阅我在这个评选会上的发言记录——他们评奖不仅是看上报的材料，而是要

1997年重返母校

获2010年何梁何利科学与成就奖

了解我的学术思想，查找我的相关资料，这一点，估计国内大部分评奖都做不到。这个评委会水平是非常高的，非常认真负责。评上以后，我觉得自己很荣幸，也受到了很大的鼓舞，这对我走的路也是一个肯定，首先不是对张锦秋这个人本身的肯定，而是对她走的道路的肯定。这一点让我备受鼓舞。但要说这样一个大奖成为我生活的分水岭或者拐点之类的，那是不可能的。无论生活还是建筑设计，我们都要一点一点、扎扎实实地过下去、做下去，生活和工作毕竟不是演戏。获大奖就是肯定我的方向，使我在信念上更加坚定不移。

采访者：2011 年清华百年校庆，您作为校友代表被邀回校，并被列入世纪寻梦清华人系列百名校友之一。每十年举一位杰出的代表人物，你入选了，内心一定也是很不平静，因为清华毕竟是你青年时代度过美好青春的地方，母校对你的肯定，可能给你心里带来的感受又是不一样的。我们想知道一点，就是说这个清华叫世界寻梦清华人，这个梦指的是什么？是针对清华还是说针对每一个人的？

张锦秋：2011 年我跟老伴一起返校，因为清华百年校庆是大庆，我们对清华对母校还是有很深厚的感情。清华有很多校庆的材料，我们一看校刊，一看到那个报道，我自己都吓一跳，没想到。每十年有一个代表，我看了，首先这个不是说国家领导人、党政领导，不是根据你的地位。我看了，这十个人不同时期都兢兢业业，在自己的专业方面孜孜以求，像梁思成先生、邓稼先先生啦，人家都是功勋卓著的，我根本不能跟人家相提并论。但是呢，我是 50 到 60 年代这个时期，这一段时间是国家发展变化很大的时期。这十年我在学校里受教育，受熏陶，出来以后，最大的特点是服从祖国需要，我的经历可以说明这个问题。五六十年代的学生在学校出来以后那段时间，正是国家变化发展的时代，时代要求我们服从需要，在自己的岗位上做好工作，不同时期做好不同的工作。并不是我有特别优秀的业绩，说真的，那个时期在我们学校，我们老师辈的，像关肇邺、李道增先生，他们也是 50 年代的学生，他们比我优秀多了。像我们同班同学里头，有几个很有才能的，有的被打成右派了。像我老伴是"白专"，分配就像发配一样，发配到黄河边上石嘴山去了。在五六十年代在学校受教育的这些人里面，我不是最有才能的人。但是我就是适应时代的要求，适应社会的变化，做自己该做的事情，持之以恒。就这样，学校就给我这么高的荣誉，作为一个代表，所以我非常激动。当时也有北京电视台等采访我，我真的很动感情。

采访者：获得何梁何利基金，副总理亲自给你颁奖，你为建筑行业而骄傲；清华校刊评奖，没有华彩的颁奖仪式，您却为自己得到母校的认可而更为激动。这两者很不一样啊!

张锦秋: 这两个是不一样的。前面那个奖项好像是对我们这个专业, 对我创作道路, 对我工作方向的肯定。但是清华把我作为那个时代的代表人物, 我就想到了我们的年轻岁月, 那些年的暴风骤雨、社会的波动变革, 那个岁月自己的人生, 真是百感交集, 所以说是动感情的, 两者不一样。

采访者: 您什么样的大场面都经历过, 却在这件事情上如此动情。我想可能是她触动了您人生的一些美好的东西, 她是真正内涵在您生命里面, 也是您真正珍惜、爱护的东西, 所以, 当这个荣誉给您的时候, 您心底里最柔软也是最本质的东西, 才能被打动, 才能流泪感泣不已!

张锦秋: 对, 是真的。你所说的两个奖, 何梁何利基金奖和清华校刊选我为 1950–1960 年毕业生代表, 的确是这一年的两个大奖。我倒也没有比较过感觉有何不同。我只是觉得自己好像是清华这颗大树上的一片绿叶, 何梁何利基金奖犹如一缕霞光照亮了绿叶, 和我获得的其他殊荣一起, 似乎都是绿叶对根的回报。清华是我们这些莘莘学子的母亲, 在她一百年华诞, 也是我们毕业五十周年的日子, 母校通过校刊有这样一个表示, 就像是她老人家用一只手轻轻抚摩我的斑斑白发, 这胜过了千言万语。

第 8 章

寄语青年

采访者： 张总，我们跟华夏所的年轻建筑师座谈的时候，他们都提到您对年轻人的传帮带是毫无保留的，而且工作的方式方法也让他们特别钦佩。结合您的经历，能请您对建筑专业的学生和初始从业者提一些建议吗？

张锦秋： 这个话题太大太宽了，我不知道怎么说。不过，我还是简单说一点关于建筑教育的看法吧。

刚刚毕业来设计院的年轻人，我都跟他们讲，我说过去我们在学校——不是说我在读建筑历史专业研究生的时候，是说在本科的时候，建筑历史的课程比现在要多得多，无论西洋建筑史还是中国建筑史，也要比现在深。比如，我还记得那时候英若聪先生讲西洋建筑史，讲到伊斯兰建筑，就说伊斯兰建筑很深邃，清真寺很神秘，光线的设计很精到，"宛若星辰闪烁的黄昏"，用的都是很诗意的语言。像莫宗江先生给我们讲苏州园林，他常会结合一些具体的东西进行实例分析。现在我听说建筑历史的课程压得很少很少，其实我觉得要让建筑系的学生掌握更多的建筑历史，无论西方还是中国，古代的还是近代、现代的建筑历史都是非常重要的。只有知道来龙去脉，你当建筑师，才能站在历史的高度。你没有建筑历史的观念，只会从建筑杂志上抄，这阵子兴什么主义，那阵子追什么流派，你总在跟风，太肤浅了。不懂建筑历史，你就没有独立的判断——什么东西都要放到历史的长河里面来看看。

20 世纪末全世界建筑师到北京开大会共商 21 世纪建筑发展大策，提出了现代建筑地域化、地域建筑现代化的主张，我觉得这个建筑思想是很好的。现在呢，唯形式的建筑之风，国际上很盛，刮到中国来也很厉害。由于技术的发展给建筑师和结构工程师提供了空前便利的条件，所以他们能随心所欲，什么奇形怪状的建筑都能做出来。但是，这不应该是建筑发展的标杆，不应该是建筑发展的方向。现在国际上有一些大师追求这个，国内的年轻建筑师也就跟风。这跟建筑历史的教育有不小的关系。我就觉得建筑历史是建筑教育的基础，老师给同学讲课就不能跟风。我曾经给一些学校领导提过，应该加强建筑历史的教育，他们就说，现在的课时紧，排不过来呀，没法安排那么多时间上建筑历史课。其实问题不在时间，关键还在于观念，在于不重视。

采访者：相对而言，这个时代有些功利了，学校急于培养设计人员，学生急于掌握技巧、进入项目，大家好像都已经习惯了。您对青年建筑师有没有什么建议？

张锦秋：我觉得作为建筑师，首先是理想主义者，有理想有追求，这个理想或追求正确不正确是另一回事。真正的建筑师都是理想主义者。

在这样的基础上，我觉得建筑师应该意识到自己的任务是为使用者设计好的建筑，包括很好的学校，很好的住宅，很漂亮的文化建筑，塑造出文明优美的城乡环境，等等。他应该有一种观念，就是不能把建筑当成是个人的作品，这跟画家和雕塑家是不一样的。画家创作一幅画可以说就是我的作品，齐白石画的虾，这是我画的，你们不喜欢，我放在家里自己欣赏，它可以与社会没有关系。建筑可不是这样的，它要花费不少的资金，要利用一定的物质财富（包括土地），来实现设计师的设想，这个资金和财富的所有者，不是政府就是企业或者私人，拿人家的财产来实施你的构思，实施出来以后就不能一笔抹消。不能说这个建筑不好看，咱们把它拆掉，建成之后，它就铆固在这块土地上了，就固定在这个城市里了，人家觉得不好看，还得天天走过的时候看见它。它是一个面对社会、面对公众的产品，是借助人家的物质财富给你创造实现想法的事情。所以我觉得建筑师应该有社会责任感，不能我想搞一个圆的，我想搞一个倒三角形，这是我个人的作品，我觉得这种观念是不对的。建筑师既是工程技术人员，也是艺术家，是建筑艺术家，但他从事的工作就是服务性的。我拿裁缝、厨师跟建筑师的工作进行比较，建筑界就有一些人不同意了，说你怎么乱比，我们建筑行业比它们高尚多了。其实我觉得建筑业也是服务行业，也是为业主的需求服务的，只是服务的领域和方式有所区别而已。所以我觉得年轻建筑师不能把建筑看成是个人作品，非要顽强地表现自己，这样就会觉得城市规划对自己是束缚。我觉得这些观念都是学校建筑教育的问题，而不是设计院培养的。学校应该贯彻正确的专业观、职业观，因为一个建筑师经过学校教育，建筑方面的基础知识应该学得差不多了，出来之后主要就是进入社会、进入市场去实践。当然我们设计单位也还会强调，新来的员工需要从头学起，需要组织一定的培训，但是已经没法像学校那样进行专门系统的授课了。有的时候像我辅导年轻人，就是结合具体方案分析，谁的思路对，这个方案思路不对，为什么不对，你这个完全是形式主义，你没有考虑公众，这样不行，就是这样结合着讲，必要时得动手改图，不能老作学术报告，人家也不爱听。

还有就是建筑师要热爱生活，你对生活都不热爱，不喜欢艺术，也不喜欢绘画，不看电影，不参加公共活动，生活枯燥乏味，设计出来的房子能好得了吗？这是就建筑师的个人修养而言。这样的话题讲起来很宽泛，我也没有总结出来个一二三四条的，是我简单直白的体会。要做一名优秀的建筑师，要热爱艺术，热爱大自然，富有生活情趣，这些都是必需的素养。

采访者：今天您取得的成就已经得到了公认。从励志和成功学的角度，这里面除了您个人对事业的坚持和专注，是否还有一些影响您事业道路的因素，包括具体的人和事，甚或就是一本书、一个信念、一句话？能否就一个建筑师的成功过程谈谈方法和感想？

张锦秋：你们是不是觉得应该有一本书、一个信念或者一句话？我不这么想。人生不是那么简单，生活是那么丰富，我就觉得不可能有那样的事情，绝对不是一个名人的一句话或者一个理念就能解决你所有问题的。就像一些名人、伟人传记里面写的那样，我是不大相信的。我就是一个普通的人，生长在一个普通的家庭之中，然后在一个伟大的时代背景下，我坚信要做一个对社会有用的人，要为国家、为民族踏踏实实做一点事情，这是一种基本的人生价值观。我不相信一本书主义，那是不存在的，或者是人们有意夸张。我更多相信人是在潜移默化当中接受某些影响，坚持做一些事情。

西安这座城市，让我实现了自己的专业理想，但在实现理想的过程中，要有坚定的信念。我报考清华大学时的梦想就是想当个建筑师，报效祖国。但要实现理想必须在一生中不断追求。在清华大学建筑历史教研组，跟梁思成先生读研究生的时候，梁先生有个选题是对宋代《营造法式》做注释。这本宋代建筑专业的书是我国历史上最早、最全面、最经典的建筑专著，梁先生要通过注释，让大家都能看得懂。系里和梁先生都希望我去做这个题目，但我总觉得，研究斗栱啊、法式啊，和我做建筑师的目标有距离，研究了那个以后就是古建历史方面的专家，是当教授的，我是想当建筑师啊，我想研究中国园林，觉得这个离我的目标更接近。当时我就是个年轻女孩，就说我要研究中国园林，不想弄法式。这个话说出来要有勇气，这对我来说，当时是人生和专业的重大选择。一些老师和同学批评我"人家想跟梁先生搞科研都没机会，让你去你还不去"。我后来想，是"不识抬举"，但我就想当建筑师，人要有了目标，就要执着。

在我做陕西历史博物馆的时候，一天在工地上，院里领导通知我回院。中建总公司的领导找我谈话，让我当设计院院长，我一听吓一跳，断然拒绝。我说我还是喜欢做建筑设计的工作，不适合做管理，也不喜欢做管理。这也是一次重大抉择。

所以说，人生的道路上，不断要出现选择，有时是大的节点，有时是小的节点，这时候就要看你是随波逐流呢，还是有自己明确的目标，如果我随波逐流的话，就不是今天这个样子了。所以我觉得我这一辈子，当建筑师的信念非常坚定，欲望非常强烈，在这条道路上遇到各种情况需要自己思辨、抉择，甚至在短时间内当机立断，这就靠自己始终如一坚持这个目标。

第 9 章

院士印象

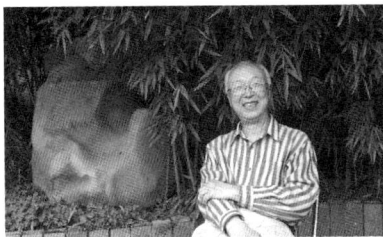

韩骥

1960 年毕业于清华大学建筑系，从事城市规
划设计研究四十余年，主持了西安市两版总体
规划编制，参与了苏州、兰州、延安等城市的
规划编制工作。在我国建筑界和规划设计领域
享有盛誉。

锦秋这个人
——规划大师韩骥访谈

采访者：韩先生，您有多重身份，您学建筑出身，在西安当过
规划局局长，而自清华毕业结婚以来，您和张院士已经一起相伴了
近 50 年，所以，无论从专业素养、工作交叉，还是家庭生活等各方
面，您对张院士的认识和理解肯定更为细致深入，您能给我们谈谈
一些事情、一些细节吗？

韩骥：谈锦秋啊，还真不知道从哪里开始。

采访者：也是。我们之前的采访，基本接触了张院士的成长
经历、求学经历、设计作品还有她的设计思想等，大家纷纷作出
了评价，我们也想听听您对张院士的评价。之前我们看过一些报
道，说起你们当时关于西安城市广场的客厅里的争议，能不能从这

2013年在家中

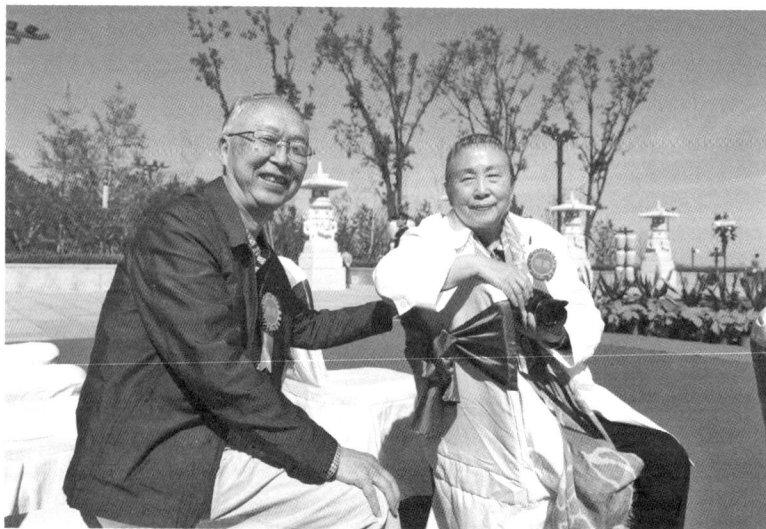

2012年喜看大唐华清城开放

里开始？

韩骥：那就从钟鼓楼广场开始吧。

从 20 世纪 50 年代开始，钟鼓楼广场一直是每一轮规划都要提出的项目，但是一直到 90 年代都没有实现。没有实现的主要原因就是在广场周围有大量民国以来的各种建筑，商业建筑、居住建筑等，统称为危房区。修这个广场，需要搬迁的商家小店近 200 家，拆迁的居民差不多有 1000 户，这个拆迁的代价非常高，拆完了以后广场是个平地，又搞不了什么建筑，无论是生活还是就业，都是一个很大的难题。

如果说这个事情我和锦秋有什么争议的话，大概就是两点。一是广场需不需要急着做。我觉得不要太着急，而锦秋觉得西安作为一个古城，广场应该早一点清理出来，而且当时不抓紧，后来拆迁的代价可能更高，而且对城市的形象影响非常大。这也不算是争议，就是我们两个人一个希望快一点，一个希望慢一点。另一个就是如何做。按照城市规划的方式，就是做一个广场，周围安排一些公共建筑，而锦秋有自己的看法，提出开发地下空间。她在学术上已经把城市设计这样一个新的技术观念，引入城市建设之中，而我们还在城市平面规划上思考，没有考虑到地下空间开发这样一个现代的技术手段。她觉得用现代的技术手段，就能解决现在的问题，而我没有认识到这个。由于两个人认识的基础不一样，所以在这个事情不大谈得来，但大家都是平心静气的。当时主管城建的副市长第二年就要退休，他希望能够尽快把这个广场处理好，我们在家里谈起这个事，锦秋就把她的想法，挺全面地跟我说了一下，大概有几点。

第一是广场的内容。锦秋思路比较开放，就说中心广场不一定非要搞成政治性的广场，广场上的建筑不一定是博物馆、行政办公楼、会议中心。当时我们国家的城市中心广场，但凡大型省会城市都是摆的这些，一个大的纪念堂或者一个展览馆。如果要在这儿布置很多大型公共建筑，这个拆迁量就更大了，我们把钟楼广场北边和西边现有的那些泡馍馆——那是老西安的商业中心，锦秋认为是传统食品店，放到中心广场也没有什么关系，这样广场人文气氛更加浓厚，更趋近于市民广场。她原来是研究建筑史的，对欧洲的广场很感兴趣，出国考察，意大利的广场都是这样，一个教堂周围都是饭馆商店，甚至于在广场上举行宗教活动的时候，周围都摆着桌子，大家坐在那里聊天喝咖啡。她脑子有这样的想法，所以她觉得西安的中心广场可以作为市民广场，这摆脱了我们过去的思维定式。她这个想法我特别欣赏，因为我也希望西安古城可以保留传统市民生活和古建筑。

第二，她算了一笔粗账。她觉得在这个广场地下可以开发地下空间三万平方米，卖给各家企业，就可以筹集足够的资金支付拆迁费用，这样市政府不用投钱，通过规划设计，通过组织，就能解决众多问题。我听到这个，就说太好了。

但是这回一谈，我们两个等于思想一致了，非常好。

采访者：您当时的身份是规划局局长？

韩骥：是的。当时锦秋已经在西安做了一些比较成功的作品，包括陕西历史博物馆等大型工程。锦秋对我们也有些批评，她就认为我们规划师好像比较呆板，另外就觉得我们学习现代技术少，没有把现代的东西融入规划里面。

采访者：根据我们的采访和各方面的资料，我们把张院士的生活大致分为清华求学、建筑设计，然后从建筑设计走上城市设计这么几个阶段。我们也想听听您对她的这个情况的判断。

韩骥：锦秋这个人啊，在学校是好学生，就是把功课学好。我感觉，她是国庆工程以后有些变化。就是在国庆工程以后，跟我们比，有更为强烈的使命感，就觉得我们这一代建筑师，是共和国的奠基人，未来就靠我们了。有时候讨论发言的时候，我觉得她不像过去那个单纯可爱的小姑娘了，有些热血沸腾，也可能有点偏左，反正不管怎样，像一个有志青年了。当了梁先生、莫先生的研究生以后，她搞颐和园研究，那时候我们见面很少，偶尔聊起来，发现又跟当学生的时候不一样了，就是要为中国建筑事业做点什么贡献，就是受梁先生学术观点的影响，力求推动中国建筑事业的发展。当然她心里到底怎么想的也没说。

把她的设计谈得很复杂的时候，我觉得是大家想多了，我觉得就是她对自己的设计要求很高，另一个就是她的学术思想，从来就没有把自己限制在一个单体建筑的设计之中。这里面我觉得有两方面的原因。一是颐和园的研究。颐和园本身是一个群体，或者就是风景城市，研究这个成就了她的专业素养。一是锦秋特别崇拜文艺复兴大师。梁先生曾说，我们中国直接从农业社会开始工业化，中间缺了一个重要的文艺复兴阶段。欧洲在工业化之前和农业社会解体中间，差不多有一百年的时间是文艺复兴，期间把农业社会所有的建筑艺术进行提炼、概括、提高，因为农业社会都是平凡的。到意大利看，它都是 3 层楼 5 层楼。中国还是一层木结构，顶多有几个塔。梁先生就觉得中国缺这么一个阶段，建筑就会走很多弯路。他当时觉得弯路可能就是两种缺陷，一种是抱残守缺，还有一种就是外来的东西整个搬到中国。所以我觉得，从专业素养上说，一个建筑大师必然会从单体设计走到城市设计再到城市规划，甚至于走得更远，走到地区规划。锦秋现在走的路子，就是这么一个路子，但是她不说。这是她的特点，她心里很有数，但是嘴上不说。

采访者：肖云儒先生曾经诗意地表达，在西安，不小心就会碰到张锦秋，也就是说，西安这座城市里面已经有了张院士的神韵了。

韩骥：是这样的。现在谈民族文化复兴，民族文化复兴自然需要一个起点。比如意大利的文艺复兴从佛罗伦萨开始，佛罗伦萨文艺复兴以圣玛利亚大教堂为标志，大教堂的建筑师布鲁内莱斯基就是意大利文艺复兴的大师。我想将来的历史，一定会将这个民族文化复兴的起点定为西安，西安的历史少不了张锦秋。我一说这个，锦秋就让我打住。

采访者：在区域城市形态的塑造者之外，这个中国文化复兴的起点和奠基人的身份，真是别有一番意味啊！

韩骥：这个事情，吴良镛先生跟我深谈过。他表达他的观点，说中国的文化复兴总得从某一个城市或某几个城市开始。他就说习惯认为北方就是北京，南方是苏州或者杭州，西部地区他就觉得西安应该有这个历史责任。所以他寄希望于我们搞规划的，就是在历史文化名城的保护上下功夫。我觉得张锦秋可能很有抱负，但是她不说。我有时候想，她不说是不是有名师指导，反正这一盘棋怎么下，你心里有数就行，你一个一个出子，不要一开始就告诉别人，我要越过河，我要吃你什么！如果要说文化复兴，从城市范围来讲，我们西安的环城保护工程应该是第一个，因为这是国内第一个由国家领导保护的古城，从 1983 年开始。在建筑设计上，沿用意大利的说法，意大利说圣玛利亚大教堂是文艺复兴的报春花，我就说陕西历史博物馆是西安文艺复兴的报春花。新中国成立 60 周年纪念时，建筑界评选 100 项经典工程，锦秋的两个作品入选，一个是延安革命纪念馆，一个是陕西历史博物馆。还有一个黄帝陵轩辕大殿入选新中国成立 60 周年中国建筑创作大奖。我认为张锦秋有这么三个作品，已经奠定大师牢固的基础。欧洲的这些大师，有的就是一个作品。米开朗琪罗在别处做的都是雕塑，到最后在圣彼得大教堂做了一个拱顶，漂亮实用，他就是建筑大师。

采访者：从中国现代建筑史的角度来看待西安，看待西安的建筑设计，这样的视角很独特呀。您能给我们谈谈您自己吗？

韩骥：我这个人跟锦秋真不一样。简单概括一下，解放前我就是个少爷。我母亲是旗人，她的陪嫁就是北京的一个大院子，有几进四合院。解放以后我父亲因为历史复杂，为了向新政权示好，就把院子献了出来，从这个时候开始，我们就家道中落，我父亲到天津大学当了一任秘书长。我记得高二时考上中央美术学院，我们一家都反对。我父亲说，你这个性格太随和了，也没个大主意，顶多毕业以后，当个中学教员。我母亲更有意思，就说你画画干什么？我说小时候不是你们请老师来教我画画吗。她说教你画画，是让你认识咱们家字画的价值，不是让你出去给别人画画。在她眼里，画画地位很低下。

我在清华念书不是有什么伟大的理想。到后来父亲当了右派，弟弟妹妹下放农村，我父亲就正儿八经跟我讲，你得好好学习，将来挣钱养活弟弟妹妹。这样，我就变了一个样。但是在清华，我还是个好学生，毕业以后分到宁夏。临走的时候，父亲跟我讲，到宁夏，你不是清华大学的优秀毕业生，你就是一个能拿工资的劳改犯，你得按照这个定位到那儿去工作。

我进入社会，大概就两个过程，一是在宁夏十几年当奴隶的过程，一是到西安这儿赶上改革开放，摆脱奴隶的身份，回到规划师的身份。荷马说，当一个人沦为奴隶的时候，他的美德就减少一半。后来又有一位西方的哲人说，当摆脱奴隶身份，又回到正常人的时候，他的美德又少一半。我跟锦秋说这个，她就很气愤，我就说，咱们都不是在清华的样子了。后来我跟锦秋说，是德已尽而情未了。

采访者：您很幽默。

韩骥：我这个人比较想得开，一般要是有我这样的经历，早就自杀好几次了。

采访者：您的经历比较坎坷。我们特别好奇，甚至有些八卦了：那个天真烂漫的叫张锦秋的小姑娘，后来的有志青年，再后来就是大家熟知的张大师，你究竟更为熟悉哪一个？

韩骥：哈哈，她还是小姑娘的时候我们就谈恋爱了，整个过程我都很熟悉。

采访者：你们的背景，也是有一些差别的。

韩骥：锦秋认为我的素质很好，你看在学校我又聪明，学习成绩又好，而且我这个人说实话，我从来不撒谎。我是 1957 年以后，才学会撒谎的，后来我发现撒谎对我们这样的人来讲，并不困难，张嘴就可以撒谎，问题是撒完一个谎以后，又得撒好几个谎，才能把这事圆了，真麻烦。还是说实话好，是这样。

张锦秋觉得我这个人可以改造好。锦秋很自信，认为她能把我改造好。好多人都不理解，我都白专了，而且又分到宁夏，你神经病啊还嫁给他。另外呢，锦秋西方爱情小说看得太多，太善良了，容易上当受骗。哈哈。

采访者：哈哈。张总年轻时候，特别喜欢罗曼·罗兰写的《约翰·克利斯朵夫》，其中积极向上的劲头和她青年时候的热情高度契合。西安作为一个文化古都，有它极度的热情和自信，同时也有极度的封闭和自卑。而张院士的设计，正好是张扬了古都的热情和自信。

韩骥：张锦秋是个外柔内刚的人。陕西历史博物馆建成后，好多国家元首到了西安，登堂入室都要看一下陕西历史博物馆。当时日本天皇在接受热烈的欢迎后，经过大门，匆匆下台阶走进广场，他抬头一看前面的大殿，就站住了，然后又退回去，退到大门，看了好半天。这是陕西历史博物馆的馆长告诉我的，他跟我讲的时候，都很引以为荣。然后他跟我说，张锦秋给西安带来了自信，给我带来了骄傲。这个事锦秋就同意。我看锦秋的作品，都是艺术品，我觉得她做的是建筑艺术，至于功能怎么样，出来进去怎么用合适，那都是一般建筑师需要解决的问题，大师解决建筑艺术、建筑形象，建筑给人或者是给这个地区一个什么样的精神作用。我们现在好些建筑师没有这个意识，或者是他们有这个意识，但没有像锦秋这样站在民族复兴的高度。他们是站在个人解放的高度，我弄一个跟谁都不一样。这个当然也可以，碰巧了也可以流芳后世，碰不巧就可能遗臭百年。

采访者：如果张院士不是建筑大师，也可能成为文学大家。不少人就对张院士的文学修养赞叹不已。

韩骥：是的，如果她学文学的话，不过学文学早就当了右派。不拘一格降人才，我就觉得她属于这种不拘一格降下的人才，这个人才就有好多的机遇巧合，使得她在革命里头也好、动乱中间也好，绕过了很多激流险滩。她没学文而学建筑，1957 年就没当右派；"文化大革命"开始，她离开了清华园，如果不离开清华园，她可能就是保皇派，得跟着梁先生一块游街；而如果游一次街回来，她准得自杀——她不像我。我"文化大革命"一开始就游街，关到牛棚里头，过几天不游街了，我得问红卫兵，怎么不让我们出去了。

采访者：我很佩服您，您能把这些这么坎坷一段经历，说得这么幽默。

韩骥：是因为我过来了。过来以后，原来对自己还有很多疑惑，比如说"文化大革命"的时候，我家庭出身不好，我们班有的同学就说张锦秋是杨沫《青春之歌》中的谁，我是余永泽，就是当了叛徒。

那时候说我是余永泽倒觉得无所谓，我就琢磨我们班上谁是张锦秋应该爱的人，我找了半天没找到，这我放心了。

采访者：建筑师的作品都分成已建成和未建成（当然也包括在建的），张总有什么未建成的方案吗？

韩骥：临潼山顶长生殿，到现在也没有实施。我觉得锦秋比较可贵的地方在于有一些预见性。比如她在临潼搞华清池大门，后来搞御汤遗址，她就觉得山上应该有工程做了，就是说在这个事情没有来由的时候，她已经有些想法了。所以后来提出任务的时候，她很快就做出了方案。她好像想当一个文学家，已经写了一本书，现在却是一篇一篇地拿出来，这也是跟我们一般设计院和从业建筑师不一样的地方。要说她还真喜欢西安这个地方，她对这儿山山水水都挺有感情的，另外她设计的建筑，人家没好好用，她也很生气。

采访者：您刚才说张院士跟西安很有感情。我们知道就是1966年刚来西安的时候，她仔细阅读了《关中胜迹志》。其实我们有点好奇，张院士怎么会对陕西这个城市，或者陕西这块地方，有这么深的了解呢？

韩骥：她看了不少书。我就是根据她看的这些书，觉得她很有抱负。如果您是个一般的建筑师，犯不上看这些。有一本书是人家借给她，她不但看，还抄下来，里头的插画都画了。她可能觉得清华当时没有把她留校，分到建设部又赶上建研院撤销，她这个专业就没有了，然后让她到陕西来，所以一定要做出点什么！反正换成我，一定是义愤填膺，就觉得这是最大的挫折。她可能是觉得，我既然到了古都西安，我就要做得更好。按照她的性格，我认为有这种潜意识。也许我是看错了，哈哈。

采访者：我们在采访一些年轻人的时候，他们也都谈到张院士处理、沟通问题的时候，方式方法让人觉得很舒服，她在家庭生活中也是这样吗？

韩骥：也是如此，对我很客气，但是一客气我就害怕。老韩，我想请教一个问题！一听这话，我就知道麻烦了，一定是有难题了，这得让我找好多资料了，我不喜欢。

张锦秋是大家闺秀，她很会做事，很会说话，很会做人，这个是她家庭教养所形成的，不是后天看几本书学到的，这个是我最欣赏的。我在大学那么多同学里头，我特别喜欢她，就喜欢她，特别纯洁一个女孩子，然后又特别用功。当然后来机遇种种，让她走上大师之路。她的教养非常好，学养更好，这是一个建筑师的基础。为什么张锦秋的建筑很有文采，看了以后很典雅，这就是深层次审美意识。没这个深层审美意识，它不可能典雅，一定是矫揉造作。我觉得现在我们很多中国建筑师的作品，都有些做作，样子是装出来的。

采访者：张总的作品是在土地上自然生长出来的，是城市或者环境的一部分。

韩骥：梁先生的城市观，首先是看城市的文化、城市的历史、城市的生活，从城市才到建筑。张锦秋深入学习了梁先生的这个体系，她有一篇文章，我觉得很好，就是城市文化孕育建筑文化，由于城市文化孕育建筑文化，就必须要关心城市文化。她对西安的城市文化，应该说理解得比较深。她理解，不管是谁来了谁走了，作为千年古都的西安，都有一份独特的城市气质。建筑师在一个地方做建筑，首先需要了解的就是它的文化底蕴，它的气质。张锦秋有一次讲西安古城保护，就说西安这座城市跟别的历史古城不同。西安这座城市是男性的城市，具有阳刚之气，所以这个城市就像苏东坡的词一样，要大气，要有"大江东去浪淘尽千古风流人物"的气势。换成是苏州和杭州呢，就可以是"今宵酒醒何处，杨柳岸晓风残月"的气质，或者说它是二八姑娘，或者是江南少妇的气质。城市气质不同，标志性的建筑做法也不一样，西安这个地方不怕大，不怕粗，南方就要小巧玲珑。张锦秋对城市的研究很深刻，她把文化底蕴与建筑造型结合起来了。

采访者：她对于您一些规划思想什么的，你们会在一起探讨这些问题吗？

韩骥：有时候就某一个项目也进行一些讨论。像曲江大唐芙蓉园，这个任务就交给她了，她很愿意，因为保护大雁塔，在边上做了三唐工程。张锦秋的作品，好多人认为她是在下棋，因为保护大雁塔，就在慈恩寺里头修一个纪念唐僧的院子；三井不动产在大雁塔附近要修一个旅游宾馆，张锦秋拿了方案，结果被三井不动产采用。她做唐华宾馆的时候，我记得她画过一张图，那时候西安并没有这个项目，后来有大唐芙蓉园这个项目的时候，很自然就找到她了。芙蓉园做完了，然后又是曲江南湖。她好像就是在曲江这个地区，一个棋子、一个棋子走完了，这有点像下围棋，最后做眼才知道您是这一手，但是她都没说。因为城市建设人家上什么项目、是不是让她做，她也做不了主。做芙蓉园的时候，她跟我讨论，原来的甲方设想很多，想做得像深圳的锦绣中华，她否定，说这个地方不能这么做。她说这个地方有大雁塔，这是西安的标志，这边就得整个反映唐代文化。后来我们就把这个地方整个定成唐文化区。在这些问题上，我跟她探讨以后觉得很受启发，像我们后来在总体规划里面就定了唐文化区、汉文化区、秦文化区还有中央区明清风格等，就是搞风格分区。这个风格分区是我们规划上的一个思路、一个手段，但是什么样的风格，是受张锦秋的影响。

我跟锦秋说，她是理想主义者，我是机会主义者。其实规划师应该是理想主义者，建筑师倒可能是机会主义者。一般建筑师接受任务几年完成，之后就不管了，不像张锦秋，建筑都 20 年前落成的，现在这儿要改、那儿要改，她还要关心。我说咱俩要换个位置就好了，你来搞规划。

采访者：我觉得从您的描述里面，能感觉到您对张院士的感情，好像从年轻时候到现在一直都没变过，一直是那种特别欣赏。

韩骥：哈哈，我是这样的，我一辈子最得意的是金榜题名时、洞房花烛夜。

采访者：您非常风趣、幽默、睿智，应该是这些吸引了青年张锦秋，也是现在的大师张锦秋吧。

韩骥：睿智再发展一下，狡猾。好在我本质善良，与人为善，我很爱帮忙别人，所以我朋友特别多。

肖云儒

街头巷尾的张锦秋

张锦秋流淌在古都西安的街头巷尾，古城营造了她，她也营造了这座古城。

锦秋给我的印象，可以用"雅秀"两个字描述，她不仅有蜀地之秀，而且有文化之雅之从容，说话、处理问题，包括设计出来的建筑，都是从容的。她的新唐风不是拥挤的，是从容的，在空间中徐徐展开，这个跟她内心的雅秀气质相通。

我在好多地方都能想起锦秋。到巴黎访问，在巴尔扎克的故居前徜徉，到彼得堡，在普希金跟他的恋人塔吉娅娜初恋的地方流连，这时候，我就想到了锦秋，想到一个人和一座城的关系，在中国，在世界可以如此类比的超不出十几个人，像梁思成之与北京，像阮仪山之与江南小镇，也像西班牙的安东尼奥·高迪之与巴塞罗那。在西安这座城市，无处不留有她的作品，是作品而不是建筑——因为作品才有气息，才有生命，阅读她的作品的时候，你感受到的是一个非常鲜活的生命！

在西安，你想躲开张锦秋是不可能的。公共汽车跑了两站，犄角旮旯一拐弯就遇见了张锦秋和她的建筑，就像遇见秦砖汉瓦一样，就是说张锦秋给这个城市营造了一种文化氛围，用建筑群营造了一个城市的艺术场。

西安这座城市养育、营造了张锦秋。锦秋本是蜀地女子，雅秀、纤细，但在西安，十三朝古都的庙堂之气，激荡的文化氛围，浸润了这个蜀地女子的情怀，转化为一个建筑师的大气。可以说锦秋生于蜀而成于秦。

新唐风为什么在西安被广泛接受，我个人觉得不光是建筑形式和建筑技术的传承，不光是可视建筑的传承，它是建筑中间所包含的脉象，它不是江南水乡的气象，它是一个辉煌王朝的气象，这种气象神韵构成张锦秋作品的基础。新唐风是什么呢？新唐风不仅是新材质、新功能，也是新变化、新路数、新格局。

锦秋营造了古都西安，现代西安也营造了她，西安使她大气，西安使一个蜀地女子变成了大唐气象的建筑师，我觉得这是很有意思的事情。在我有限的知识领域之内，像这样的人，一个人集中一辈子就在一座城市，在一座城市形成独特风格，然后跟这个城市血肉粘连的不多。我曾经思考，锦秋是如何营造西安和表述西安的，她给中国的建筑艺术提供了哪些创造性的启示？这是需要我们重点研究的。

锦秋对于西安的表述有几个特点。第一个特点是建筑美学表述。她注重从文化层面而不是技术层面的表述，重内在神韵。建筑空间不仅仅是生态，不仅仅是一个绿境，还是一个回忆的空间。它是给你提供一个花篮，这个花篮可以承载所有西安人，还有古老中华民族的记忆和自豪，我用建筑营造了一个花篮，每个人都能装进去，我的记忆，我的自豪，我的自信就装在这个花篮里面。张锦秋刻意以建筑群体营造了一个空筐，承载地域与历史，承载辉煌记忆，而盛唐就是这个民族记忆的巅峰。锦秋是从大文化的角度来考虑具体建筑作品的。

第二个特点是从生态层面来表述城市。锦秋超前地追求前工业时代和后工业时代的融合，所有建筑里面都有足够的空间给居住者和活动者以心灵驰骋和松弛的平台。我就思考陕西省图书馆的廊门前面的思考者雕像，为什么后面搞那么大空间的台阶？那个阶梯是人类走向光明的台阶，原来使用建筑暗喻。往里面走，越走越觉得神圣，因为你是走在知识的阶梯、生命的阶梯之上。我每次走都有这种感觉，不是我多愁善感，而是锦秋用建筑符号启迪了我。新唐风建筑是超前的，也是滞后的，继承了传统，开创了城市建筑的未来。

第三点是营造体系性的建筑群。锦秋不是追求单体建设的标志性，而是用风格性的建筑群、体系性的建筑群造成视觉和感觉上的群体印象、规模化的印象，把一个城市完整地表述出来。她不太追求微观的、个体作品的特色，她追求规模化、群体营造的场效应，这个非常大气，从整体、环境、空间艺术的角度来创造建筑。她是考虑这个城市的总体环境、总体建筑传统，然后让自己的新作品渐渐地引入到历史的长廊中去。营造整体环境空间艺术感，锦秋这方面的能力比较强。

古与今，蜀与秦，女性与男性等矛盾是如何在锦秋身上统一的？奥秘就在于锦秋后来总结的和谐建筑艺术观，包括和而不同与唱和相应两个方面，这是她对中国传统建筑和现代建筑精髓的深刻认识，也是她建筑创作精彩的源泉。

作为历史的过客，我们都将离去，但是西安这座城市会留下来，张锦秋和她的作品会留下来，她的魂，她的感情，她的美学追求，就在风的呼啸中间，在阳光的明晦中间存在。

和红星

西安建筑科技大学教授、博士生
导师、原西安市政府副秘书长、
西安市规划局局长

家，西安

张锦秋老师倾注的心血，造就了西安这座古都，西安的百姓也因此有了自信，有了家的感觉。

我要从我的一套书的书名谈起：《西安於我》，写这套书我总共用了六年的时间，一共九册。一开始这套书规划是上、中、下三册，最后谁知道变成六册，最后又变成了九册，九册里边重新又进行了分类。

当我快写完的时候，我就请韩局长、张大师两位规划、建筑界的老前辈帮我写个序。之前写书的时候，就跟他们提过，他们都支持我，说你应该著书，你和别人当局长不一样，你一直带着学生，有很充分的理论和实践。这套书送上去的时候，我拟的名字是《我与西安》，因为多年从事规划工作，对这个城市有了很深的感情，我就用这么一个标题来表达我的心情。张老师看了就说："红星，书的内容挺好，但是，你能不能把书名调整一下，把主语变成西安，就是'西安於我'？"我当时就懵了，很感动，更是感激，我就想，我咋就没有这种境界呢？我当时特别兴奋，我的书名终于定下来了！《西安於我》可以表达我书中写的内容，更能感受到我对这座城市的情感，我高兴极了！

当时，我又想起了请张老师将书名写下来，印在书的封面上，她一再推脱，最终还是写了。至今我还保存着这个信息："红星，赶鸭子上架写好了几个'西安於我'，请从中选择还过得去些的拼凑一下。实在不行还是另请高明吧。副标题建议用印刷体比较好看。明天设计院还不上班，请人到我家取一下字好吗？锦秋2010/2/19.23:20。"当时我和我爱人还在审书稿，看到这个信息，我们俩眼圈都湿润了……

说起来，我认识张大师很早。记得在我任大学教师期间，除了讲课，还特别喜欢搞点学术研究，那是在1988年，我任学院科研处副处长，启动成立了中国西部建筑学术研究会（筹委会），学院一位副院长任会长，我任秘书长，五年在西北五省搞了五次学术活动，每次张锦秋大师都参加这个学术会，他们老俩口对我搞这个学术活动都非常支持。1990年的时候，我给敦煌设计一个近两万平米的商业建筑，要求做仿古建筑，我的方案被选中，但施工图却没办法画，就到西北院拜张大师为师，她允然接受，并耐心指导，使我对传统建筑有了进一步的认识和理解。无论是在大学当老师，还是在工程当中遇到问题，她都给了我很多指点，这是我很受感动的。最主要的是，我在她身上学习到了对事业的执着，对这个城市的热爱，对传统建筑在今天如何复兴的独特见解。

记得我邀请她参加新疆西部建筑学术研究会。从西北院出来的时候，我问您能参加吗，她说："红星，我去！"我当时特别高兴。去的时候没有和张老师一起，回来时我们坐同一班飞机，刚好座位在一起，这都是我与老师的缘分。那是1991年，聊天的过程中，张老师建议我到规划局担任建审处处长。说心里话，我还是想教书，对当官不感兴趣。后来在飞机上一直聊，她就给我讲西安的发展，城市应该如何规划，建筑风格、城市特色、建筑文化应如何去把握，很多很多，好像我已经是规划局的一个处长了。这一路我也很兴奋，我拿着笔记本，一路记录下来，三个小时的飞行，记得大约可能记了二十张纸，现在我还保存着。张老师对城市的热爱，对事业的执着，虽说她不是西安人，却胜似西安人，让我感触非常深。我当时真没有想到，她对我如此真诚。回来我就跟我爱人讲，我一路收获最大不是开了个会，而是在飞机上听到的一席话。

没想到一年多以后，我到规划局不是当处长，而是直接从副处长变成了副局长。当时我也是找他们老俩口，我说两位老师，怎么突然就像做梦一样，处长都没当就当副局长了呢？这个副局长怎么当，我是一点主意都没有，所以需要请教他们老俩口。他们给我出了很多主意，说现在的身份不同于大学老师了，应该怎么做，去认识这座城市，规划局长的职责，理论与实践如何结合，等等。

2005年吴良镛先生到西安来论证第四版城市总体规划的时候，我请他们到茶室喝茶，期间我就向他们请教西安的路到底该怎么走。吴先生指了指我，说："你这个小家伙给我们摆的是鸿门宴啊！"我说："不是摆鸿门宴，我确实不知道，我现在迷失方向了，我不知道怎么走。"吴先生就提出了：长安寻梦，愿长安模式能在探索中成为现实。张老师早年出版过一本书，叫做《从传统走向未来》。我就想，长安寻梦实际上就是不能忘记历史，梦回盛世长安，以唐文化为切入点，要用链条把不同年代、不同朝代串起来，一步一个脚印，在传承有序的基础上，发扬光大，最后走向未来。大家都说西安近些年的发展没有走样，还觉得像西安，作为原规划局长，我感到非常欣慰。西安走了自己的路，自己的路到底是什么？就是长安寻梦的西安模式？什么叫西安模式？我觉得就是锦秋模式，就是在她的带领下，西安的建筑师们没有违背规划，没有丢掉传统，没有破坏城市的九宫格局、棋盘路网，从历史走向未来。科学规划大于市长，一旦确定就不能更改。一张蓝图干到底，西安这几年走的路，之所以没有大的问题，也没有弯路，就是有韩骥和张锦秋大师他们两位，一位是规划界的领军人物，一位是建筑界的领军人物。有了张大师这个旗帜，西安才没有乱。所以这几年西安走出了一条属于自己的发展道路："古代文明与现代文明交相辉映，老城区与新城区各展风采，人文资源与自然资源相互依托的具有历史义化特色的国际化大都市的道路"。张大师功不可没。

讲到这里我又想起了2009年，赴西班牙考察学习，在巴塞罗那，站在圣家族大教堂前，仰视高耸入云的塔尖，内心的震撼无法比拟，传奇建筑师安东尼奥·高迪将魔幻注入，给这座城市带来了活力，感受到了自然的温暖和生命力……我久久不愿离去，脑子里闪现出张锦秋大师的影子，她的作品也不计其数，她是通过城市复兴的理念营造了西安模式，给这座城市带来了勃勃生机，有了"家"的感觉。一个人与一座城市：高迪与巴塞罗那，锦秋与古都西安。

刘克成

西安建筑科技大学建筑学院教授，博士生导师，院长。陕西省古迹遗址保护工程技术研究中心主任，国际建筑师协会亚澳区建筑遗产工作组主任。中国当代著名建筑师，中国建筑学会资深会员。

幸运的城市　幸运的我

能够跟她生活和工作在一个城市，能追随她开创的这条路继续走下去，这是我们年轻一代建筑师的幸运。

张大师对我来说首先是先生，这个先生既是尊称，也指她确实是我的老师。

我真正拜师的时间是 1991 年。我 1980 年到西安读书，1990 年研究生毕业，研究生还没有毕业的时候就去登门求教，再到毕业答辩，到以后每一个阶段，只要遇到一些比较重大的事情，都会去求教于张老师还有韩老师，所以在某种程度上说，他们是我的人生导师。我这里想讲几件小事。

记得 1992 年的时候，到底是留在西安，还是走，我非常迷茫，也就在这个非常糊涂的时候，我登门求教。两位老师，特别是张大师讲了三点，我印象很深。她说在全世界范围内看，我们很难说今天强于古代，文化并不见得永远是进步的，实际上我们冷静来看，也许很多时候是倒退的。当时张先生跟韩先生就谈这个，她说西安这个城市，它真正的历史高点可能早就过去了，但我们今天生活在西安这个城市仍然是幸运的，我们生活在一个曾经伟大的城市，我们有机会感受古人留下来的众多伟大遗产。就这一点来说，在全世界范围内，包括罗马、雅典、开罗等，还有法国的巴黎以及中国的北京，这些城市都有那么多人，做了那么多研究，写了那么多书了，如果说真正伟大城市的研究还存在空白点，这个级别的城市，在全世界也许就只剩下西安了。她说，西安因为各种因缘际遇而保留下来，也是值得你用一生来研究和琢磨的城市。实际上在当时建筑界一股脑地吹着现代风，实际上是向西看；或者从中国大陆区域来说是向东看，西部向东部看。在中国整体都在向西方看的状态下，张大师谈这个让我印象非常深刻。

第二点，她谈到了当年自己离开清华的情况，实际上也是因为各种原因才离开清华、离开北京的。她谈这个事情的时候，实际上是解释她为什么选择追慕唐风。她说，梁先生给她作过认真分析，中国历史上的建筑，秦和汉到今天只剩下画像砖、文字，还有一些陶俑。真正意义上的汉式建筑，只有若干塔和一些残存的东西，因此，我们就是向往那个时代，我们其实也很难在真正意义上去研究它。明清遗留甚多，在中国的实际格局，主要就是在江南和山西。大气象的东西在北京，这些东西研究的人太多，当时就出了不少成果。只有唐代的一些遗留，留下了很大的空间，可以让人去想象和创造。唐代实际上是中国人关于一个伟大时代的梦想，或者是过去时代的遗梦。梁先生就说，如果说你顺着唐这个思路，尤其是在唐都去研究这件事情，应该说是大有前途的。

第三点，张先生说，一个人一辈子能够做的事情是非常有限的，一定要有所为、有所不为，是你的事情你要盯住不放地去做，不是你的事不管有多大诱惑都不要去沾它。她拿自己举例，她说我擅长的就是顺着中国传统这条线再发掘、再创造，那么对于不是这条线上的东西，如一个新建筑，我就让设计院其他更擅长的设计师和同志去做。这个她是在敲打我，就是说小刘不要什么都想做，什么时髦做什么。

那天晚上对我来说是一个重大转折点。第一，我坚定了信心，就是要先做下去。第二，就是要认真面对和研究西安历史和文化遗产。第三，就是有所为、有所不为。到今天为止，我认为这可能是我的事业和人生的一次重大的转折。

另外一件事也是印象深刻。1999 年中国建筑学会或者说中国政府在北京召开第一次世界建筑大会，我们学校担负一项任务，就是负责国际大学生设计竞赛，任务具体的操作就落到我身上。世界五大洲顶尖级的人物来了，有中国的吴良镛先生，美国来的是哈佛设计学院院长 Peter Rowe，我陪他在西安走了很长时间，一条街一条街地走。到历史博物馆的时候，我本来要给他介绍张院士，他说你不用介绍，我很了解。我说你怎么了解？他说我曾经请张女士到哈佛去讲学。我很好奇，这是一个什么机缘，我知道张总是不说外语的。Peter Rowe 是一个国际上知名的建筑理论家。他在全球范围招了一帮人，把 1949 年以后中国建筑师，应该是先生那一代及之前的人，找了有八十来位，然后请了一帮国际建筑理论界的人，也有一些在海外留学或者访问的学者，一起来评哪个建筑师能够代表中国当代建筑。他说出乎所有专家的预料，最后得票率最高的就是张大师。这个其实我也很好奇，因为这个真的是跟当时就是 1999 年的时候中国建筑形势差距很大。客观地说，张总在西安的名气极大，但在全国建筑圈内，大家一方面非常尊敬她，一方面也并不一定认同她的观点，认为太向后看了。所以说我特别好奇，我就问他，你们是怎么评出来的？他说我们其实在评以前，先坐在一起商量了标准，就是先定标准再评，不能先定人，这样就容易失去公正。他说定标准的时候，定了四条标准。

第一条标准就是这个建筑师一定要有鲜明和明确的理念，而且建筑师终生坚持这个理念。不能说今天是这个理念，明天是那个理念。第二条，不仅要有理念，还要有作品去实现和说明理念。好比说有的人只是著书立说，没有作品。他说这个从建筑来说是不够的。第三，这个作品不能只是一个类型或者一两个点，它要涉及城市生活的方方面面。换句话说，理论和作品是一个体系。第四个，理念和作品与他所在的国家、地区、城市，或者民族密切相关。按照这四条标准打下分来，张大师就得了第一名，就因为这样一个原因，请张大师去哈佛讲学。这件事也是让我非常震撼的。我们过去谈国家的、地域的就是世界的，我认为在相当程度上不少人谈这个问题时都有一点敷衍塞责、自我安慰的成分。但是从 Peter 先生的嘴里，从哈佛这个世界最高学府的研究机构的领导者嘴里说出来，让我还是非常震惊的。我觉得从真正意义上，也把 1992 年张大师跟我谈的那席话，从另外一个角度，或者另外一个高度重新理解了一次。如果说在这之前，我对一些东西还心存犹疑的话，1999 年这件事情是彻底让我坚定了信心。

我觉得张大师有一点非常有意思，就是她影响西安的方式。其实她的标杆性成果是新唐风建筑，但实际上，我觉得她不仅是这样的，我这里谈谈她对我的影响。按照肖先生的说法，钟情汉唐是西安的第一层遗产，或者说是一个影响西安这座城市心理层面的深层结构，一个非常重要的物质、空间载体，也是一个精神载体。在某种程度上，张大师其实是西安的建筑师必须面对的第二层，就是我们说的背景或者遗产。我自己凑巧也在张大师的建筑作品的包围中设计过一些小东西，最开始是钟鼓楼广场上的星巴克。钟鼓楼广场已经得了中国建筑学会的大奖，很多年以后，这里已经变成了西安的城市广场。我自己在古典建筑上的修养比较差，我觉得我怕做中国古典建筑。我也觉得在西安，张大师是一座不可翻越的高山，如果我再做古典建筑，明显就是露怯，所以我努力用一种不同的语言方式来做。但是非常有意思，无论星巴克还是西市，它都是在张大师所做的组群中间，张大师已经有一个非常完整的构思，而且已经实现了，这样，我觉得是张大师在逼迫着我去研究汉唐，研究她和她的作品。她其实是从作品、从物质到我们的思维习惯，改造着我们，从具体创造来说，她使得你不能不面对，不能不去想、去协调，不能不去呼应，最后结局可能你给予的答案跟她有一些区别，但您跟她想的问题是一样的。所以说，张大师是把我捆绑了，就是捆绑我去跟她想一样的问题，面对一样的挑战。实际上是以这样的一种方式，她塑造了这个城市。就是她不仅自己在塑造这个城市，而且把身边的建筑师，身边的领导，身边的甲方都以一种温柔捆绑，一种无形捆绑的方式，必须在这座城市考虑某些问题，必须遵循某些原则，最后使得这个城市变成一个有原则的城市，她就是这个城市确立原则的那个人。我觉得这个太了不起了，她比仅仅去做了一件作品更厉害。

她要确立一个评价体。你跟她的答案一样不一样，其实已经是次要的了，但是她在思维上、行为上，所有的东西都逼迫着你，必须想这样一个问题。有时候我跟北京的同行开玩笑，我说改革开放三十多年来，全国城市进步都很大，特别是在中国城市化运动中，按建设量来说，西安并不是一个能够排名在前的，甚至如果比现代化这类问题，西安也不是排名很前的，但有一点西安是非常骄傲的，就是西安在这三十来年，或者追溯1949年以后的建设，在同等规模或者比西安规模更大的城市里面，是唯一有持续坚持的原则的城市，而这个原则我觉得是跟张大师、跟韩大师是密不分开的。

在这个城市的所有建筑师，其实不管他心底喜欢不喜欢张大师，他其实都被张大师所影响，被她这个原则所约束，他必须面对，在这个城市必须按照某种方向来做这个事情，我觉得这是一个非常了不起的，我今天来体会这个事，这也是我给我的学生和我的同事经常谈及的。从这个意义上来说，她是我们西安的一面旗帜。这个旗帜不是仅仅指她做了什么，而是她形成了一个气场。在中国，还没有第二个建筑师能形成这样一个强大的气场。

近二十年，西安城市规划和建设的领导人，我觉得都是受了张大师跟韩大师的引导。所有城市建设或者理念，其实我们说最原始的主意，都可以从张大师的实干和观点中找到源头。但另一方面，我又要说张大师非常宽宏大量。我做星巴克的时候，实际上是市长来找我的，因为是星巴克自己有一个很强的团队，连续出了七个方案都没通过，星巴克的人着急，市长也很着急。这个项目好像是市长亲自跑到西雅图跟星巴克的大老板谈妥的，说这是星巴克在中国的旗舰店，市长承诺可以在西安随便选地方，然后星巴克就选了钟鼓楼广场。他们做的方案和整个钟鼓楼广场格格不入。市长来找我，我说张大师的作品在这个地方，你应该请张大师来做。市长说，这个项目太小了，让张大师做不太合适。但如果张大师不同意的话，我也不敢在张大师的作品上再画个圈，我说这件事我不做。僵持了将近两周时间，命令还是要我做。我提了个条件，我说你不能告诉张大师，我说做成了你也不能告诉张大师。我说我要这样弄的话，我就不要在西安地头混了，这是我给市长说的原话。最后我们是小心翼翼的，还是通过私下学生的关系，把图纸全调出来，认真研究了一遍，小心翼翼地做了三个方案，最后也不知道怎么回事，反正就过了。过后我也不敢声张，我先小心翼翼地把韩大师请去，没想到他就接受了。然后我再去找张大师，我把图纸给她，我说张大师有这么件事怎么怎么，结果张大师鼓励我说，西安不一定都要是唐风或者什么，可以有不同的探讨，我觉得你跟我的建筑协调，跟钟鼓楼协调就可以。有了这件事以后，其实才会有西市。西市这个事首先要感谢张总，张总其实已经把博物馆的设计全部做完了，结果张大师坚持说西市的遗址上必须要去做考古，然后中科院考古所去考古有了新发现。最后就说改方案，而且张大师表态，方案必须改。改方案的时候，张大师就说做遗址保护，刘克成经验多点，你们是不是把这块让刘克成去做？这是张大师向甲方提出来的，这个让我非常感动。甲方来找我，我又是诚惶诚恐，张大师的所有项目都已经设计完了，而且好像有些在建了。

没做方案之前，我就去了西北院拜访张大师。我说张大师这个事情咋做，是不是要用新唐风，还是可以有别的探索。没想到张大师说，小刘，你不是做新唐风的人，你不必做新唐风，商业项目我有我的考虑，但你面对的是真的遗址，你在上面弄一个唐风的，反而可能不伦不类。她说你不要跟我做的那个东西一样，你试试别的路子。这真是给了我一个很大的启示和鼓励。方案出来，在没有给甲方看以前，我先拿了五个方案去给张大师汇报，现在这个方案，也是在张大师肯定以后，一步一步发展到今天的。我觉得从一个方面来说，一个已经在城市里拥有这样地位的建筑师，仍然以宽广的胸怀来对待城市其他的小字辈、学生辈，以及不同探索的建筑师，这是我非常敬重的。一个人自己能把事情做得很好，是了不起的，但是有一个宽广的胸怀，能够包容不同，能够一起在这个城市进行探索，我觉得让我更生敬意。

再说最后一个小点，跟我自己的实践有关。汉阳陵博物馆是我做的，也得了很多奖，但是实际上我在不同场合都谈到，这个原始构思是张总的。最初投标的时候，张大师也参加了，华夏所做的方案得票率不高。但是实际上，如果我们把最初的方案拿出来，跟现在实现了的方案比较来看，我认为我现在这个方案其实跟西北院华夏所做的方案是最接近的，就是华夏所的方案在地面上什么都没有改变，只留了两个出口，其他的方案，包括我的方案，地面上都做了很多东西。等到确定现在方案的时候，已经是将近两年后了。当时无论是评委还是建筑师，我认为还没有这样一个能力，去理解张大师的构思，就是怎么不影响陵墓的历史环境，以一个最低的姿态、大象无形的方法来对待遗址。我是通过将近两年时间的学习揣摩，在跟历史专家学习的过程中，等到方案定下来要实施的时候，才看到了张大师两年前的预见性。所以说等到盖成后，有一次我专门到张大师家，我说张先生我要非常谢谢你，实际上来说这个方案今天能够实施，最原始的构思还是与您一脉相承的。在这件事情中，我看到自己对张大师的理解，从三十年前、二十年前、十年前到今天，很多东西是一步步深入的，好像每到一个年龄坎儿理解得多一点，从不认同到认同，从好像还有别的想法，到真正打心眼儿里尊敬和敬佩。我认为，有这样一个建筑师，是西安城市的幸运。在某种程度上说，作为在这个城市生活和工作的建筑师，也因为有张大师的存在而幸运，她使我们少走了很多弯路，少了很多在迷茫中的曲折探索。但是，我仍然不敢肯定，我今天是不是理解了张大师。

赵元超

中国建筑西北设计研究院总建筑
师，教授级高级建筑师，博士生导
师，国家一级注册建筑师。

一个完美的建筑师

**她是我心目中最完美的建筑师，她把中国的
美学意识与现代建筑结合起来，书写了一个
又一个富有诗意的丰碑。**

一个美好建筑的背后总有一位睿智、完美的建筑师。我是 1995
年初从西北院上海分院回到华夏所的，跟随张总第一个完整项目是
陕西图书馆。记得当时场地有一段高坡，张总问你们如何处理这一
地形？几乎所有的建筑师都说把它推平，好做最新最美的图画。可
张总却说，这个高坡实际上是唐代的六爻之一，不能简单地推掉
它，推掉它也就剪掉了城市的记忆，况且图书馆本身就是人类文化
历史的积累，我们应站在历史文化的高度来做这个建筑，只有这样
建筑才能有灵魂，有内涵，有层次。快二十年了，每每经过图书馆
这段绿坡，我都会想起这段往事，它让我牢记着建筑师既是城市文

明的创造者，也是城市历史的保护者。

1995 年，我虽然已是国家一级注册建筑师，也天南海北地做了一些建筑，但往往停留在图纸上，并不关注它的建造过程。在图书馆建设的八个年头中，我跟随张总不知来过多少次工地，她就像对待自己的孩子那样关注建筑的"成长"，关心建构的每一细节，同时也关怀着年轻建筑师的成长。伴随着图书馆的开放，我在张总的言传身教中，完成了向一个职业建筑师的转变。

建筑界把张总的设计风格定位为新唐风，我觉得是片面的，实际上张总思想理念非常现代、开放，始终保持着建筑师好奇探索的精神。年近八十还不断推出新的作品，研究新的理论（如非常关注绿色生态建筑和新的城市设计理论），总结和谐城市和山水城市思想，难能可贵的是还把这些理论应用于新的实践中。近几年，张总不断地超越自己，她的创作又出现了新的高潮，丹凤门，长安塔，大唐华清城是张总对西安的新的奉献，也是她创作的又一个高峰。

张总秉持中国文化的自觉和自信，坚持自己的理论体系，系统持续地坚持自己的建筑创作之路，这在中国是绝无仅有的。马国馨院士曾经这样评价过张总：张总近半个世纪，坚守着黄土地，坚持自己的创作道路，达到了很高的高度。吴良镛院士也这样评价张总，也许在某些方面，有些建筑师比张总做得更好，但是，在传统和现代结合方面，有理论、成系统、有体系地在一个城市创作却只有她一个！张总在一篇论文中曾指出：城市文化孕育特色建筑，建筑精品彰显城市特色。我们同样可以说：西安给了张总表现的舞台，张总则赋予这一城市以灵魂，她和这座城市达到了一种水乳交融的境界，就像巴塞罗那的高迪一样，我们同样可以说西安是"锦秋的长安"。

张总还时时刻刻关心年轻建筑师的创作。我记得做浐灞行政商务中心时，当时争议很大，张总鼓励我，要创新，要有时代性，不失时机地支持我尝试清水混凝土。在西安行政中心的创作中，张总坚定地支持我要坚持西安的地域特色，在西安南门综合改造提升工程中张总更是多次到工地，在关键节点、指出关键的问题，为工程健康发展指明了正确的方向。我非常佩服张总对大局的把握和控制，在纷繁复杂的局面中她总能保持清醒的判断，拿出解决问题的办法。十几年前，清华的几个学生问我对张总的印象是什么？我说，张总有慈母般的心，做起事来却非常果断和刚毅，并且持之以恒。给我印象非常深的是在做钟鼓楼广场时，她要协调很多复杂的问题，但总能够巧妙、和谐地解决，判断和拿捏非常准确，表现出很强的韧性和协调艺术。张总的成功，也在于她有很多优良的品质和一丝不苟、精益求精的精神，她是一个完美的建筑师。

我是西安本土的建筑师，我觉得西安人有时很自卑，有时候又很自信。为什么一个柔弱的女子能做出这么刚毅大气的建筑？我觉得就是来自张总对文化的自信，对建筑专业的自信和热爱。她的经历，培养了她身上一种俯瞰江河的艺术家气质和科学家的理性及严谨。她的不朽作品连同她做人的风范都成为我国建筑文化的一部分，像润物细无声的春雨那样潜移默化地滋润着我们，培养造就着我们年轻的建筑师，我们也会努力传承着她开创的和谐建筑之路和她的建筑创作精神。

胡耀星

中国建筑西北设计院原党委宣传部
部长，现已退休。

我所认识的张锦秋

不光是技术高超，设计作品得到广泛认可，
她的为人也是非常好的。

我跟张总在一起的时间还是比较长的，她到我们设计院来的时候，我也在设计院里头，她的整个工作过程，基本上我还是比较了解的。

张总是 1966 年到设计院来的，"文化大革命"耽搁了一些工作。大概是 1970 年前后，院里边组织了很多设计小分队，开赴现场，现场搞设计，画图纸，指导施工。张总参加了这样的工程设计。记得当时张总带队伍去了，有建筑的，有总图的，有结构的，有水的，有电的，大概有七八个人，在山沟沟里头。张总作为一个女同志，跟其他人一样，都要到山里边扛木头，建办公室。我记得我去的时候，是一个冬天，条件非常艰苦，山沟里头特别冷，画图设计，都是穿着棉袄来干的。我们设计院的这些人情绪非常饱满，没有人叫苦叫累。我待了一个多月，写了一个长篇的调查报告。在这个过程当中，张总基本上处处带头，而且她比较随和，跟大家的关系搞得比较好。

后来因为张总慢慢做民用设计，接受了一些任务，主要是在大雁塔的东边建三唐工程。当时呢，这个工程好像是日本方面投资的，按照以往的管理，就是基本上谁投资谁设计，但因为张总对大雁塔地区搞了一个规划，如何保护文物古迹在周边搞设计，怎么样不破坏古建筑，如何相协调，画出了初步图，结果方案就被采用了。设计了以后反映很好，影响也好，中央电视台专门报道了这个项目。

这个工程呢，在张总的设计生涯里头，算是一炮打响了，也开启了新唐风。

毛主席纪念堂设计的时候张总也参加了。毛主席去世了以后，中央决定要建毛主席纪念堂，组织了一个设计班子。当时全国有六大建筑设计院，西北设计院最有名，派了老中青三代建筑师参加，年轻的建筑设计师就是张锦秋，老的就是洪青，他是留学法国、比利时回来的。当时我还专门采访了这三个人，写了一篇通讯，在陕西日报发表了。

张总新唐风建筑，最出名、最成功的就是陕西历史博物馆。当时设计院组织大家提方案，经过评选择优，确定了四个方案，最后一致推选了张总的方案。

总而言之，张总这个人，最起码在我心目当中，是一个比较完美的人，不光是技术高超，设计作品得到广泛认可，她的为人也是非常好的，在设计院里头，大家都非常佩服她。

　　这里边还有个小插曲，就是张总一度想要离开设计院，到清华大学去教书。陕西省死活不放，省委书记亲自出面说，你有什么困难我给你解决，你有什么要求我来满足，但是我就是不放。现在看来，这样挽留是非常正确的，如果把她放走了，不但是设计院的一大损失，也是陕西省的一大损失。

华夏设计所

中国建筑西北设计研究院有限公司华夏设计所是由中国工程院院士、中国工程建设设计大师、中建西北院张锦秋总建筑师主持创建的综合性设计所。

华夏设计所同事访谈

高朝君
中国建筑西北设计研究院有限公司华夏所所长、华夏所总建筑师、教授级高级建筑师、一级注册建筑师、全国优秀青年建筑师

我跟张总的第一个项目，就是陕西历史博物馆的景观设计。自毕业到现在的 20 多年来，一直跟张总工作，回想起来，张总之所以能够成为建筑设计大师，之所以能够创立起理论体系，我的感悟还是挺深的。

首先就是天道酬勤。张总做一些事情之前其实都做了大量的调研、铺垫工作，做任何一件事情，她都是有充分的准备的。其次，她的设计作品既具有多元探索的特点，又有一种一致的 DNA。再次，张总特别注重对新技术、新材料这方面的应用。

张总对建筑设计作品完美度的追求值得我们学习。张总的作品完整度非常高，就是说从方案一直到施工完成，直到作为成品展现在众人面前，整个过程的差别不是很大，不像有些建筑师的作品，效果图画得很好，施工以后再一看，和原来完全不是一回事。张总具有高超的和甲方沟通的能力，她能够说服甲方，按她的建筑理念往下走。这个看似简单，其实里面有很多艰辛的工作，需要你去做，包括下现场，你要控制质量的话，肯定得到现场去看，肯定要跟施工单位指出来，应该怎么做，哪有问题了。她不是说人家领导

打个电话说工地上有问题了，需要你来一下就过去，她是主动过一段时间到现场去看看有没有什么问题。

张总还有一种谦虚的心态。做钟鼓楼广场的时候，她在国内也是比较有名气的了，当时我们拿的方案规划都通过了，底下具体就是做施工图，开始实施，当时市政府也比较着急进度。在此期间，张总尽量利用各种机会，征求国内一些专家的意见，博采众家之长以再优化。她会抓住一切机会，不像我们现在建筑师唯恐别人再提出什么意见，赶快弄完就算了。我记得那年清华大学关肇邺先生到西安来参加一个学术会议，张总就让我带上图纸，利用会议间隙、中午吃饭的那段时间到关先生房间去请教，就在客房里铺在一张小茶几上，征求关先生的意见。我印象非常深刻的。我觉得一个建筑师如果能够有这种胸怀的话，肯定可以博采众家之长为己所用，这个可能是一个建筑师成长进步应该学习的。

做项目的过程中，张总就让大家一起设计，各人提出自己的方案，然后几个方案都摆在一块点评，她一直特别强调团队的协作。针对每一个项目，她有自己一个科学的分析，这个科学的分析，不是说摆到哪个层面上去说服人家，不是说省上的领导，我都能说服人家，你底下人就不要说了。她不是这种态度，她这种科学分析，不管摆到哪个层面上，她都能成立，都能去说服人家。就是把那些不合理的规避掉，如果人家是合理的，她能够采纳，能够融进来，她这个口是敞开的。其实事后看，张总坚持的东西往往就是最关键的东西。我们一旦一退缩，这个项目作品基本就是一个废物。所以张总在大的方面，是非常坚定的，原则性的问题坚持不放松，她态度相当坚决，不会因为某一些地方上的官员的某方面考虑而动摇，她是从一个建筑师的角度去思考如何解决问题。

张小茹

中国建筑西北设计研究院华夏所副
总建筑师、教授级高级建筑师、一
级注册建筑师、注册规划师

跟张总的感觉，我主要就想从一些小的细节来说。张总对年轻人的栽培，很细心，很耐心，毫无保留。我们做芙蓉园的时候，时间比较紧。做方案一个月，施工图三个月。当时我们都很年轻，对唐风的理解也很欠缺，张总就带我们去考察她以前做的那些项目。我记得十多个人一块去法门寺，当时下着雨，张总穿了件雨衣，在雨中带着我们从主殿、偏殿、餐厅每一个建筑都走到，每个建筑给你介绍。当时有一个餐厅的玻璃，她跟我们讲，为什么要用大玻璃，一个首先是餐厅，必须从功能去考虑。如果从建筑的形式来考虑，首想的就应是直棱窗之类的，或者是小尺度的窗户，但是这个时候你要结合现代功能，你就要去作现代化的设计，所以就把小窗户改成大的，改成落地的玻璃窗。后来我们做施工图，张总就把她以前的作品拿出来给我们看。看到那些图纸，每一张都画得像线条表现图一样的，我们觉得很震撼。

芙蓉园施工的时候是夏天，张总不管天气状况如何，总会去现场看看。我记得我们去现场，张总就跟我们讲，女孩子到了工地，声音要洪亮，要解释得清楚，要给施工人员解释你的图纸，不要太羞涩，如果他们做错了，你要指出来，不能有丝毫的含糊。张总说去了工地，你跟现场施工的工人是一样的，去了你不能说你是设计院来的，撑着把伞或者躲在树底下听人讲解工程施工情况。

建筑施工完以后，牵涉场地或者景观设计，张总要求也极其严格。前一段我们做了一个宾馆，后面甲方负责景观设计，请一家国外公司出的方案，我就拿着这个方案去给张总介绍。张总看了以后，非常失望。因为当时做方案的时候，张总不光在建筑形象上有要求，对建筑景观也有要求，最终体现在效果图中，所有的景观树木、喷泉还有小品灯都有设想。张总就跟我说，这家国外公司一点都不了解我们本土的文化，她当时就给甲方打电话，直接要与景观公司的人沟通。后来就在她的指导下，景观公司又重做了几版方案，达到现在整个是一个东方的唐风皇家园林的效果。

徐嵘
中国建筑西北设计研究院有限公司华夏所副总建筑师、教授级高级建筑师

我很幸运在做延安纪念馆这个项目的时候跟随张总开始学习。那时候，大家在一块把方案做出来以后，集中讨论，然后对比各个方案的优点和缺点。那个时候我自己也做了一个方案，张总先一一肯定了我的方案的优点，然后告诉我方案的缺陷。她这种解决问题的方式，我们很能接受，而且非常心服口服。张总延安革命纪念馆方案从开始定位，到最后建筑完全盖成，思路是一贯的，只有细部更多，耐人寻味的地方增加得更多，但是大的原则基本上是不变的。她不像我们年轻人做方案，刚开始拿出一个方案，到最后建成，整个变化非常之大。

做延安纪念馆的时候，周围比较乱，旁边有很多高大的房子。一般人想要在这样的环境下做设计，肯定是做大体量，提升高度，但张总却是把建筑前面用广场拉开，从城市到建筑之间有一个很大的空间过渡，然后就马上形成了一个比较好的外部空间氛围。建筑不要高，而是长，总长度后来做到了 220 米，然后又做了一个 U 形的半围合环抱，在前面又竖了一个 16 米高的主席像。这样气势就出

来了。建筑不高，造型简单，就是一般的现代建筑，四平八稳，简单的造型，简洁的材料，然后通过建筑的空间还有尺度，一下就脱颖而出了。

张总是一个非常传统的，非常有社会责任心的知识分子。她做事情很科学。比如我们做设计，我们把建筑外形画得漂漂亮亮的，然后空间做得有意思，变化多一些，这个任务基本上就完成了。但张总要求从建筑规划的角度来考虑问题，就是要有一个上位规划来控制项目，定下建筑规模、格调。单体做完之后，景观一定要跟得上，景观要和建筑单体是一套完整的东西。景观完了之后，就是室内设计。张总做项目一个很大的特点，就是规划、景观、建筑、室内设计包括最后局部的标识设计，乃至一些家具或者路灯等，她都要求你在一个完整的体系底下完成，统一整体考虑。

张总对新鲜事物的接受能力，超过我们的想象。一个艺术家或者一个设计师，对新鲜事物接受能力的强弱，可以看到其心态年轻与否。张总的心态是非常年轻的。就是我们刚开始做咸阳博物院的时候，院落组织、坡屋顶，整个方案古板、老气。但是张总拿出来的方案，画了一个北斗七星，她说秦代的人是非常浪漫的，我们要充分体现秦人浪漫主义思想。她拿出了北斗七星这样一个格局，我们大家都很服气。到了给甲方介绍方案的时候，把这个思路给甲方一推出，甲方也是心服口服。张总思想比较年轻化，包括穿衣服。上次去北欧的时候，看到马路边有一个街心绿化，像花盆一样，里面种了很多鲜花，很鲜艳漂亮，张总和韩局两个人就坐在花盆边拍了张照片，头发是白的，身上穿的衣服是浅色的，两个人都是鹤发童颜，气色非常好！